给孩子讲大数据

涂子沛◎著

童趣出版有限公司编　人民邮电出版社出版
北　京

图书在版编目（CIP）数据

给孩子讲大数据 / 涂子沛著 ; 童趣出版有限公司编. -- 北京 : 人民邮电出版社, 2020.6
ISBN 978-7-115-53987-8

Ⅰ. ①给… Ⅱ. ①涂… ②童… Ⅲ. ①科学知识—少儿读物 Ⅳ. ①Z228.1

中国版本图书馆CIP数据核字(2020)第076667号

责任编辑：王敬栋　孙铭慧
责任印制：李晓敏
封面设计：韩木华
排版制作：杨志芳

编　　：童趣出版有限公司
出　版：人民邮电出版社
地　址：北京市丰台区成寿寺路 11 号邮电出版大厦（100164）
网　址：www.childrenfun.com.cn

读者热线：010-81054177
经销电话：010-81054120

印　刷：雅迪云印（天津）科技有限公司
开　本：710 × 1000　1/16
印　张：14
字　数：152 千
版　次：2020 年 6 月第 1 版　2020 年 6 月第 1 次印刷
书　号：ISBN 978-7-115-53987-8
定　价：58.00 元

序言

发展大数据和人工智能已上升为我国的国家战略，这一战略能否见到成效，与国民对这两项技术如何推动历史进步的认识有很大的关联。

第二次鸦片战争前后，魏源编著了《海国图志》，严复翻译了《天演论》，但并没有唤醒民众，中国失去了从农业文明向工业文明转变的历史机遇。21 世纪上半叶，世界已进入信息时代的新阶段，正在逐步走向智能时代。近年来，一些有远见的学者和先辈心息相通,他们致力于宣扬新的数据观和智能时代的理念，涂子沛先生就是其中的代表。他不但出版了《大数据》《数据之巅》《数文明》等脍炙人口的大作，最近又撰写了两本引人入胜的新书：《给孩子讲大数据》和《给孩子讲人工智能》。

工业时代的传统教育侧重于数理化，教给学生的知识大多是用来处理已掌握内在规律的问题，许多工作也是按部就班、照章办事，这些岗位很可能会被智能化的机器取代。新的时代需要新的知识结构，要学会从大量数据中发现知识和规律，以适应不确定的、动态变化的环境。今天的中小学生是未来智能社会的原住民，他们必须有适应智能化生活的思维方式和想象力。涂子沛先生的这两本书没有枯燥的公式和程序，而是通过一个又一个有趣的故事，告诉人们数据如何变成知识、一批聪明而执着的学者如何在艰难曲折中发展人工智能的技术。

孩子的心像春天的泥土，播什么种就发什么芽。我相信，这两本书在孩子们心中播下的种子会成长为参天大树，树上会结满迷人的智慧之果。

李国杰

中国工程院院士

中国计算机学会名誉理事长

中国科学院大学计算机与控制学院院长

致小读者：打开通向新世界的窗口

1946 年，世界上第一台计算机诞生，人类文明开始了新一轮的大跃迁。一开始，人类把这个新的时代称作信息时代。信息时代最大的特点是，以前很难找到的信息和知识现在很快就能找到了。

但随着历史画卷的徐徐展开，当我们来到 2020 年，突然发现“以前很难找到的信息和知识现在很快就能找到了”这句话，已经不能概括这个时代的核心特点。新时代像一列疾驰的列车，它载着我们已经远远地驰过了那个标着“信息时代”名称的站台，我们正在跨入一个更新的时代——大数据驱动的人工智能时代。

今天，这个新时代的特点已经非常清楚，人类文明正在从以文字为中心跃迁为以数据为中心，传统的机器制造正在升级为智能化的无人工厂，机器人的时代正呼之欲出。

以大数据为基础的人工智能是推动这场文明大跃迁的革命性力量。这里所说的“大数据”，是指数字化的信息，即以“0”和“1”这种二进制保存的所有信息。一行文字、一张图片、一条语音、一段视频，今天我们都称之为数据。

你肯定用过计算器，输入数字进行加减乘除运算，很快可以看到一个数字答案，它代表一个数量。现在，智能手机不仅能计算，还有更丰富、强大的功能。你可以直接用声音命令手机回答“世界上哪里的葡萄最甜”。就像童话《白雪公主》中的魔镜，它会立刻给你答案。

这些答案可能是五颜六色的图片、有趣的采摘视频，也可能是网页链接，包括大量的文字描述和数字。你能想到的，网上全有；你想不到的，网上也有。它们会告诉你葡萄从何而来，哪个国家是原产国，第一瓶葡萄酒是如何产生的，甚至还能带你进入“葡萄美酒夜光杯”的唐诗世界。

除了惊叹以外，你想不想知道秘密到底在哪儿？原来，手机在听到了你的命令之后，经过自然语言处理，你的声音被翻译成了计算机才能听懂的语言，人工智能像一张渔网一样撒向数据空间，捕捉每一则与葡萄有关的信息，最终以文字、图片、语音、视频等多种形式呈现在你的手机屏幕上，告诉你世界上哪里的葡萄最甜。

对，就是数据空间！

数据不像高山大海、森林矿藏那样独立于人类存在，它完全是人造、人为、人工的产物。人类正在其生活的物理空间之外打造一个新的空间，人类在这个新空间中停留的时间将会越来越长，甚至比待在物理空间的时间还长。在新的数据空间里，数据和智能主导一切，这就是人类未来发展的大趋势。

时代变化如此迅猛，可谓波澜壮阔、激荡人心。你肯定也观察到了这些变化，你对大数据、人工智能可能也兴奋很久了。未来的你将在这一场文明大跃迁中扮演什么样的角色呢？

我希望你能参与其中的创新，做一个新时代的建设者。这是一个大创新时代，数据是科学的载体，数据是智能的母体，真理要从数中求，基于数据的创新将成为世界发展的先导。由于数据无处不在、人皆可得，这个新时代的创新将不再是少数人的专利，创新将走向大众化，集中表现为万众创新。摆在你面前的这套书，就是为你迎接、参与这一场大挑战而精心定制的。

你现在打开的是《给孩子讲大数据》，《给孩子讲人工智能》是它的姊妹篇。我鼓励父母和孩子同步学习，共同阅读。它将为你们打开通向新世界的大门。

大数据时代不能盲人摸象，这套书给你提供一个系统化的视角。如果你认真地读完这套书，我相信你对数据科学、人工智能领域必须掌握的概念、知识和工具将会非常熟悉。这是新世界的语言，你将可以进阶，和专业人士展开交流。这套书最大的特点是有故事，主角是一些聪明、执着和勇敢的人，本书讲述他们如何改变世界。我希望这些故事能如春雨一般，用“润物细无声”的方式在你的头脑中滋养新世界的思维方法和价值观。

有一天，你会坐在大学的教室里，可能你在回答教授的问题，可能你在和同学展开激烈的讨论。我希望，你会不经意地突然想起这套书，而那一瞬间，一丝微笑浮现在你年轻灿烂的脸庞上。

这将是我莫大的荣幸。

涂子沛

目录

小数据时代

大数据时代

小数据时代

SMALL DATA

1 刻痕者的后代

远古的壁画

关于人类的进化史，相信很多人都能说出一些重要的节点，比如直立行走、钻木取火、工具的应用、文字的产生，等等。

我想告诉你的，却是一个完全不同的文明视角，那就是数据。就让我们从最简单的数字说起，从“1”开始。

1、2、3、4 这些数字，今天看来，浅显易懂。除了学会叫“爸爸妈妈”，我们嘴巴里蹦出来的第一批单字可能就包括这些数字。再长大一点儿，数苹果要用到，排队点名要用到，买东西时也要用到，比如脱口而出的就是“买一瓶水”。但我们要知道，数字不是从来就有的，人类拥有“数字”不过区区几万年的历史。

鸟有两只翅膀、羚羊有 4 条腿、人有 10 根手指，这是在自然界中客观存在的“数量”。而数字，就是人类发明的工具，用来标记数量上的差别。

假设有一堆东西堆在一起，却不知道它们的数量，那远古人类会怎么办呢？他们会掰着手指头数，但数量太多，手指头不够用，这时人们就犯迷糊了。结果聪明的人类想到了一个“笨笨”的办法：为每件东西做记号，一件东西一个记号。最早，人类会在兽骨、鹿角、象牙、木头等硬物或者洞穴的墙壁上刻下痕迹，来描绘数量。

这就是刻痕，是最古老、使用最广泛的计数方法。中文中的

“一、二、三”以横线的数量区分，罗马数字的“I、II、III”以竖线的数量区分，阿拉伯数字“1”也是一道竖线，这都体现了远古刻痕传统在不同文化当中的遗留。

借助刻痕这个方法，人类把客观存在的数量差别变成了头脑中的数量标识——数字。这个被现代人看起来很简单的过程，远古的人类可能花了数百万年的时间才摸到门槛。数字的发明是石破天惊的大事。我们都知道，火可以御寒、照明、烧烤食物，因为火的发现，人最终和普通动物划开了界线。数字的发明，就好像人类的大脑当中有了一堆火，甚至点了一盏灯，它把黑暗的大脑照亮了。大脑从粗放变得精确，从模糊变得清晰，理性的认知路径开始出现，这大大促进了人类智力的发展。

远古时期的“艺术家”已经知道如何记录更方便，他们常常用一头野牛的图示，再加上几道横线来描述打猎的成果，这可比画好几头牛要容易得多。在世界众多文明产生的过程中，有不少同类的故事。

刻痕的方法一直到现代都还有人使用。你记得英国作家丹尼尔·笛福的小说《鲁滨孙漂流记》里的主人公鲁滨孙吗？他一个人流落到荒岛上，就找了一根木棍并在上面刻痕，为的是记录自己离开文明世界的天数。

今天，我们有时候会用“正”字的笔画表示数量。比如我们在学校参与班委选举的时候，候选人每得 1 票，就会有人在黑板上为他画上 1 道线，一个“正”字代表 5 票，于是一个个的“正”字出现了。这样一来，统计最终得票数十分方便。这其实也是在沿用“刻痕”这一古老的“笨”办法。

所以说，无论你的祖先是谁，皮肤的颜色如何，他们都做过骨木的刻痕者，我们每个

人，都是刻痕者的后代。

人类早期的生存主要靠狩猎和采集，他们不断迁徙，“边吃边走”，走到哪儿吃到哪儿住到哪儿。今天这片森林的野果被采完了、野猪被打光了，明天就换个地方，居无定所，四处漂泊。后来，人类慢慢发现某些植物可以自种自收，于是约 1 万年前，地球上出现了最早的人工栽培农作物。人类开始耕犁、播种、浇水、施肥，慢慢变成了“住下来种，边种边吃”的农民。这种生活模式的变化被称为农业革命。

在这个过程中，数字和数据的作用巨大。

首先，寒来暑往，秋收冬藏，不知道季节变化，不清楚什么时候该种、什么时候该收，肯定会误事。远古的人类因为用刻痕记录了月亮和太阳的周期变化，于是发现了气候的大致规律。

在南非和斯威士兰之间的莱邦博山脉的一个洞穴中，考古学家发现了现存最早的刻痕兽骨，时间在 35000 年以前，它是用狒狒的腓骨做成的，上面的刻痕记录的是月亮的变化。之所以仅凭一些短线，考古学家就敢下断言，是因为在全球多个地区发现了类似的兽骨刻痕，它们不约而同都是 29 条刻痕。这不是偶然，因为月亮的变化周期正是 29.53 天。

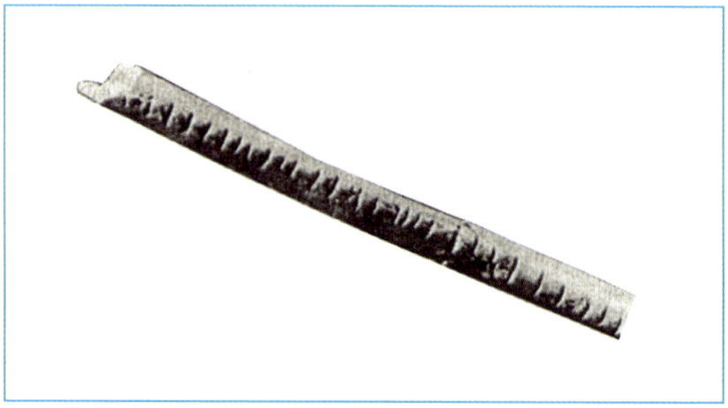

在莱邦博山脉的洞穴里发现的狒狒的腓骨

在对月相变化的观察中，人类还学会了记录。

1940 年，考古学家在法国西南部的拉斯科洞穴发现了一组壁画。经检测，这些壁画的历史可以追溯到 17000 年前。

拉斯科洞穴壁画

上面左边这幅图画了一头鹿，鹿的脚下有 13 个黑色斑点，这些斑点连成一串，接着是一个大大的四边形。这 13 个黑色斑点代表了月亮在半个月当中的变化轨迹，从圆到缺，最终从人们的视线中消失，远古人类用空的四边形来表示消失。上面右边这幅图画了一匹马以及一些黑色的圆点。这些圆点共 29 个，代表了月亮在一个月也就是 29 天内的运动轨迹。这些符号不仅仅是刻痕，也不仅仅是计数，还是对月亮变化的追踪和记录。这种记录，产生的是人类最早、最朴素、最原始的数据。

前面说到，因为自然界存在数量的区分，于是人类发明了“数字”。但数据不同，它的目的不是“计”，而是“记”。当人类对自然界某一现象的变化进行连续的追踪和记录时，产生的就是数据。数据可以是文字、图形，也可以是“一系列有根据、有背景的数字集合”。总之，它是人类对客观世界进行主动观测和记录的结果。

结绳记事

刻痕的传统出现在旧石器时代，距今 300 万到 1 万年间。同时期，人类发明了绳子，有了它，人类就可以携带工具、拴住猎物，这样就方便多了。

刻痕演化出了数字，而绳子则另有一番造化。在旧石器时代晚期，也就是 1 万多年前，人类发明了一套更复杂、更有效的计数和记录体系——结绳记事。

如果部落之间发生了一场战争，这就是需要记录的重大事件：一个部落俘虏 20 个成人和孩子，缴获了对方 10 头牛、30 只鸡……要记载这件事情，就要用到不同材质、粗细的绳子，再通过打结的方式、结的大小和颜色、各个结之间的距离来表示不同的信息。

这套方法操作起来有点儿麻烦，能够表达的意思实在有限，但相较于刻痕，是一大进步。

刻痕仅仅是计数，而结绳是记录。

我们的祖先就是靠用不同方法给绳子打结，再配合语言的使用，形成了一套记录事实、管理事务，以及传承信息和知识的体系。这套体系在当时是最先进的，需要学习，由专人负责，并代代相传。管理这些绳结的人一般是部落的长者或者巫师，这些人掌握了对事实和历史的解释权，他们是人类最早的知识分子。

结绳记事在少数地方一直被沿用到了中世纪。13 世纪，居住在现秘鲁地区的印加人创造了可以用来计数和记录的数字绳。绳子被分成“数段”，不同数段上所做的记号分别表示个位、十

位、百位、千位。每个数位上的数字是几，就在绳子上打几个结。印加帝国用这种方法来记录税收、货物和普查统计的结果。目前全世界有 600 多个数字绳被保存在各地的博物馆或被私人收藏。

因为绳子容易腐烂，所以很难保存到现在，想得到更多的信息，只能从一些古代典籍中找到零星的文字描述，或是对与世隔绝的原始部落进行考察，那里可能还沿袭着结绳记事的方法。

COTADOR·MAIOR·I TEZORERO
TAVANTIN SVIO·QVIPOC
CVRACA·CON DOR·CHAVA

印加人的数字绳

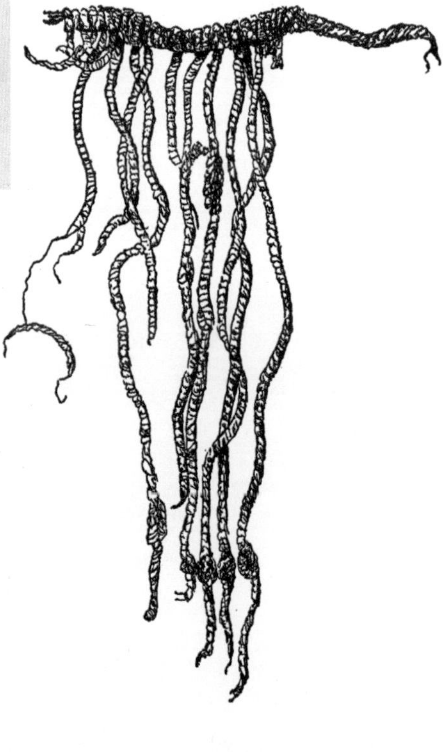

2 我只是想换一张老虎皮

文字的诞生

现代经济学的创始人是英国人亚当·斯密，他在《国富论》中谈道：我们从来没有看到两条狗公平认真地交换骨头。但交换却是人类的天性，人们不需要学习就会，为了生存，远古的人类一有机会就会交换，交换行为可以让双方各取所需。

没有交换，你得自己去种地、晒盐、砍柴、织布，可想而知，那得忙成什么样。有了交换就完全不一样了，有些人专职种地，有些人则负责织布，互通有无。而有些聪明人就会想，你们这么辛苦，那我就唱首歌给你们听吧，好听你就赏我一点儿粮食，于是，人类历史上的第一个歌星就这么出现了。

大约在 8000 年以前，人类祖先就开始规模化地交换农产品和动物了。要完成交换，当然先要“计数”，在美索不达米亚地区生活的苏美尔人留下了这方面的文物。

苏美尔人在陶土制成的泥板上刻画标记，他们用一种符号（常常是图形）来表示交易的物品，用另一种符号来表示交易的数量。随着时间的推进，人类又把这种用于交换的计数符号体系应用到其他的领域。一代又一代的记录者发明创造了新的符号，这

些符号就逐渐形成了今天的文字。

人类最早的文字就是这样在交换和交易的过程中逐步产生的。也可以说，在人类发明文字的初期，对数字的表达占据了文字的中心位置。

从脚印到文字

仓颉，传说是黄帝的史官。黄帝统一华夏之后，随着部落人口的增加，食物、牲口等资源的消耗和分配日趋复杂，还有祭祀、狩猎等需要记录的事项也在增多，结绳记事的方法越来越不管用。这让负责记录的仓颉很发愁，不知道该怎么办。

有一天，他在三岔路口遇到几个老猎人，他们正在争论问题。

第一个猎人说往前走可以追到羚羊；第二个猎人坚持说，在右前方不远处有鹿群；第三个猎人要往左追赶老虎。仓颉不知道他们是怎么判断的，好奇地一问才知道，原来猎人们是凭借地上的野兽脚印辨认猎物

踪迹的。他突然想到，猎人凭脚印辨认野兽，我可不可以设计一种符号来表示我分管的东西呢？于是，他开始按照各种物体的特征，绘出象形字，并四处征求他人的意见。日积月累，仓颉设计的字越来越多，随后黄帝下令在全国推广应用。

下图是两块泥板：左边的是一份交易记录，其文字和符号代表牛头、谷穗、鱼以及它们的数量。右边的是1929年德国考古学家尤利乌斯·约尔丹发现的，据判断有5300年的历史，泥板上刻有圆点、括号和小图案。历史学家赫拉利认为，这是一张表示商业交易记录的收据，它的意思是："在37个月里，一共收到29086单位的大麦。由Kushim签核。"

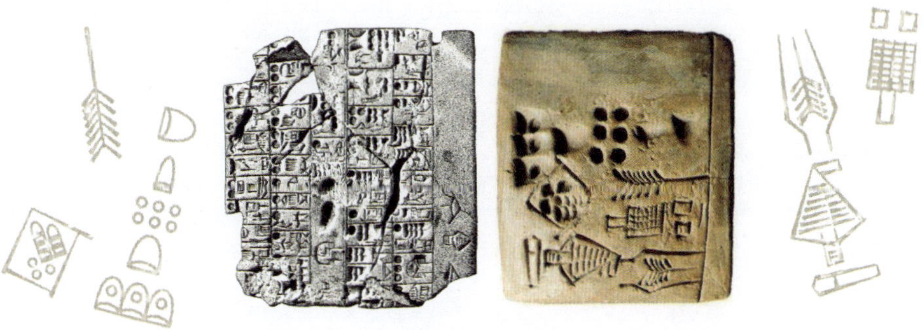

苏美尔人的泥板

（左边的图片来源：《技术史》，上海科技教育出版社，2004.12；右边的图片来源：Schøyen Collection）

“Kushim”是一个记账员的名字，这也是目前人类发现的最早的名字。这意味着，青史留名的第一人，不是国王、部落首领，也不是巫师、哲学家，而是一名会计。

在文字产生之后，结绳记事就基本退出了历史舞台。

货币登上舞台

人类早期的交换不仅促生了文字，还催生了另一项伟大的发明：货币。人类最初的交换形式是物物交换，即用一种东西换另一种东西。

一个猎人打到了野兽，他可以用新鲜的野味来换鸡蛋、玉米或者弓箭。但问题出现了：如果拥有鸡蛋和弓箭的人恰好都不想要野味，物物交换就没办法达成了。比如，你想用一支圆珠笔换同桌的恐龙橡皮，但是他不要圆珠笔，只想要明星贴纸，而你的手里并没有明

星贴纸，这就不好办了。

也就是说，只有在交换双方都恰恰需要对方拥有的东西时，直接的物物交换才能达成。所以，物物交换的成功率并不高。

另外，直接的物物交换，意味着每两种东西之间，都要产生一个交换比率，也就是一种东西可以换多少另一种东西。例如，在古代，经常就会出现这样的难题：

“如果 3 根玉米可以换 1 个鸡蛋，30 个鸡蛋可以换 1 只母鸡，5 只母鸡可以换 1 只山羊，2 只山羊可以换 1 张老虎皮，那么，到底多少根玉米能换 1 张老虎皮呢？”

老虎皮很温暖，可以帮助农夫度过寒冬，但那个指望用玉米换老虎皮的农夫可能会很困惑，甚至绝望。因为他不知道该准备多少根玉米，才能换来 1 张老虎皮。这对远古人类来说，难度几乎等同于“哥德巴赫猜想”。

交换的这些困难直接推动了货币的出现，有头脑灵活的人发明了“货币”。他宣称，万事万物都有一个数字的价格，所有的东西都可以先换成货币，再用货币去换自己想要的东西。

货币充当了交换的中介，伟大的货币就此登上历史舞台。货币出现之后，“交换”就正式成了“交易”。

曲别针换房子？

和千千万万的中国青年一样，26 岁的加拿大青年麦克唐纳买不起房子，不过他用一个富有创意的办法实现了目标：学习原始居民，进行物物交换。从 2005 年 7 月起，麦克唐纳在一个网站上展出了自己的红色曲别针，希望能够换回一些更大或是更好的物品。麦克唐纳在广告中承诺，不管有多远，他一定会亲自拜访交易伙伴。他充分发挥善于推销和沟通的特长，先用一枚红色曲别针换来了一支笔，又用笔换来了陶瓷门把手，再依次换来了小烤箱、发电机、霓虹灯箱、啤酒、雪地车、唱片合约。随着媒体对他以物易物行为的广泛报道，他的创意获得更多人的肯定，最终换回了一套漂亮公寓的一年使用权。

最早的货币由稀有物充当，如贝壳、金属，后来出现了纸币；再后来，纸币又逐步被银行卡所取代。随着信息技术的发展，移动支付越来越受大众欢迎，在手机上就可以完成金额的加加减减。

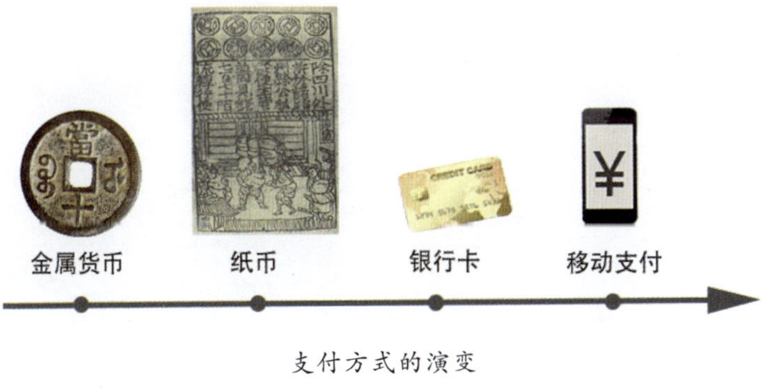

支付方式的演变

货币的出现推动了数量科学，即数学的产生和发展。在出售牛、羊、鸡等的时候，最早只能一只一只地卖，否则，部落中最聪明的人也会变得糊涂。但货币被发明出来之后，人类的大脑开始频繁地进行计算，数字和计算逐渐成为人们生活中的日常内容，数学开始和交易共同进步。

自从货币进入人们的日常生活，对数字重要性的讨论就开始了。

古希腊的毕达哥拉斯，是最早提出数字是宇宙本源的哲学家。大哲学家苏格拉底和他的学生柏拉图也同样痴迷于数字。苏格拉底曾问大家："是什么样的科学吸引了我的灵魂？" 他表示不是音乐，不是艺术，也不是体操和运动，最后揭晓答案：是适用于所有艺术、科学和思想活动的科学，即数字科学。苏格拉底和柏拉图都很厌恶将数字仅仅用于商业买卖。

但很显然，对于大多数人来说，数字所代表的货币对他们而言才是有意义的。一个在科

学家眼里美妙无比的勾股定理，在普通人看来，远不如一个金币来得诱人。

我猜，你肯定读过《小王子》，其中有这样一段话：

> 大人喜欢数字。当你向他们介绍一位新朋友，他们从来问不到重点。比方他们从来不问：
>
> “他说话声音如何啊？他喜爱什么样的游戏啊？他收集蝴蝶标本吗？”
>
> 他们只会问你：
>
> “他几岁了？有几个弟兄呀？体重多少呀？他父亲挣多少钱呀？”
>
> 他们以为只有这样才算了解朋友。如果你对大人说：
>
> “我看到一幢用玫瑰色的砖盖成的漂亮房子，它的窗户上有天竺葵，屋顶上还有鸽子……”
>
> 他们怎么也想象不出这种房子有多么漂亮。但你一对他们说：

“我看见了一幢价值十万法郎的房子。”

那么他们就会惊叫道：

“多么漂亮的房子啊！”

这是小王子对成人世界的一场讨伐！他认为大人们非常荒唐可笑，而扭曲大人们的力量正是数字。人类有把一切事物都数字化、货币化的冲动，即用数字来衡量一切价值，但恰恰是这种动机束缚了人类，使我们变得缺乏想象力。我们必须承认，在大人的世界里，数字已经拥有了过于强大的力量。

本书关注的重点不是“数量”和“数字”，但数字的发明和数学的进步拉开了数据科学的序幕。数据科学是一门通过测量、记录获得数据，并从数据当中获取知识和规律的科学。

下面我们来看看，伟大的数据英雄是如何通过“测量”和“记录”创造奇迹、改变世界发展进程的吧！

3 谁见过地球转？

我们在交新朋友的时候，喜欢打听一下别人是什么星座的。12个星座的人各有特点，星座学家讲得头头是道。比如，他们说处女座的人往往会招来朋友的调侃，还有强迫症，很挑剔。其实，星座并不科学。

对于星体、星座的观察和研究真是由来已久。早在远古时期，我们的祖先就把视线投向了天空。一方面，人们相信星体的分布和变化是上天给出的信号，预示了世间万事万物的变化。东西方都发展出了专门的占星术。中国古代的小说中，常常提到如果有星体陨落或者彗星从天空划过，人间就会有大的变故。另一方面，对星体的观察促使了历法的产生，如我们熟悉的“二十四节气”。

持续的天文观测和记录非常重要，这使人类得以总结规律，进而窥见宇宙运行的奥秘。这种思维方法启发了后人，逐渐改变了人类对自然界的研究模式，由此引发了一场科学革命。

为何人类率先在天文学领域获得突破呢？

因为每个人的头顶都有一片天空，我们随时都可以把视线投向天空。一代又一代人仅凭肉眼的观察，最后画出了主要星体运行的大致轨迹。

天文学家在人迹罕至的山顶仰望茫茫宇宙，

寻找金光闪闪的小岛般的天体。

他断言，那颗放荡不羁的星星，

“将在千年后的这样一个夜晚回归原处”。

星星将会回归，

甚至不敢耽搁一小时来嘲弄科学，

或否定天文学家的计算；

人们会陆续死去，

但观察塔中的学者会一刻不停地勤奋思索；

纵然地球上不复有人类，

真理将代他们看到那颗行星的准确回归。

这是诺贝尔文学奖得主、法国诗人普鲁多姆（1839—1907）的一首诗作——《约会》。普鲁多姆用抒情、奔放的文字和韵律，称赞了天文学家不可思议的预测能力，带给我们跨越时空的悸动。我们不禁惊叹，前人居然将广袤宇宙中遥远星体的运行轨迹计算到如此精准的地步。

但是，想获知宇宙的秘密可不是那么简单的事，几乎每一步都经历了波折和反复，伴随着血和泪。其中一个最大的困难，是我们感觉不到地球在自转，如果地球在转，那为什么飞鸟和云朵不会因为地球的高速旋转而落到后面？

于是，在这样的认知局限下，在中国，古人产生了“天圆地方”

太阳系主要行星的自转和公转

的宇宙观。而在西方，“地心说”成了造物主存在的有力证据，任何动摇“地心说”的说法都被视为异端邪说。直到波兰天文学家哥白尼（1473—1543）提出了“日心说”，科学史才真正翻开了篇章。

下面让我们一起来看看，哥白尼等天文学家是如何利用数据和记录开启科学大门的。

温和的叛逆者

哥白尼是波兰人，他是一名职业教士，在教堂里度过了一生中的大部分时光。给他带来巨大声誉的天文学发现和著作，都是他用业余时间完成的。他住在波兰的一个海滨小城弗龙堡，在这里买下一座箭楼，建立了一座小小的天文台。从此，这里便成了哥白尼日夜仰观天象的地方。只要天空没有云彩，即使是寒冷的冬夜，他也会穿上大衣、戴上棉帽，在寒风中通宵达旦地进行观测。

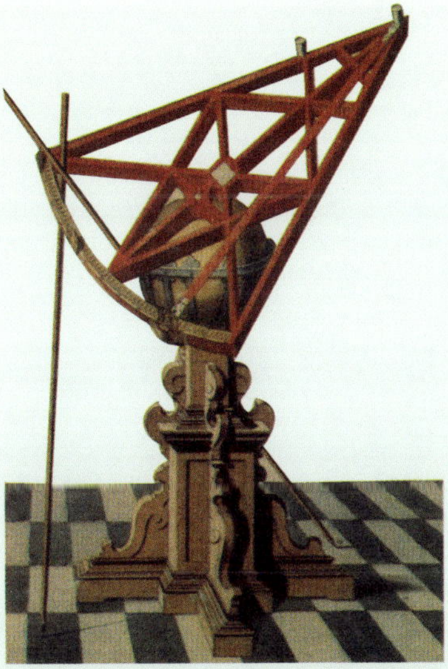

注：当时的天文观察是通过简单的几何原理，用角度来估算天体之间的距离，在这个基础上，第谷发明了六分象限仪。

受限于当时的条件，他的仪器非常简陋，都是自己手工制作的，他将其中三件命名为：三弧仪、捕星器和象限仪。

凭借对行星运行速度的观测，哥白尼确信，地球确实在运动，而且围绕太阳旋转，太阳才是宇宙的中心。但恰恰因为地球的自转，产生了人们所熟悉的假象，以为整个宇宙都在围绕地球运转。后人还打了一个形象的比方：你见过整个炉灶围着烤肉转的厨房吗？一定是烤肉自己在转啊！

40 多岁的时候，哥白尼把他的观察写成了一本小册子，在朋友中间流传。很明显，这些观点有悖于哥白尼终身服务的教会。哥白尼也不想当一名激烈的叛逆者，他非常明白自己的学说必然引来仇视，所以直到快 70 岁时，他才决定正式出版著作《天体运行论》。1543 年 5 月 24 日，是他生命的最后一天，他在弥留之际摸到了出版商刚刚送来的新书的封面，然后就与世长辞了。

在《天体运行论》当中，哥白尼详细记录了从1497年至1529年间50多次观测天体的数据，其中包括日食、月食，火星、金星、木星和土星的方位，等等。哥白尼观测所得到的数据准确度惊人。例如，他计算得出的恒星年周期为365天6小时9分40秒，比今天的精确值大约多30秒，误差只有百万分之一；他得到的数据——月球到地球的平均距离是地球半径的60.30倍，和如今得出的精确值60.27倍相比，误差只有万分之五。

科学界普遍认为，哥白尼的《天体运行论》是科学革命的起点，是现代科学的象征。这不仅仅因为他提出了新的宇宙观，更重要的是他所强调的观测和数据。

25年的坚持

虽然哥白尼正确地指出了是地球在围绕太阳转动，但他大大低估了太阳系的大小，同时错误地认为行星的运行轨迹是圆形的。这样一来，哥白尼的观测数据并不能完全符合他的“日心说”架构。要解决这些矛盾，当时的天文学家意识到，最需要的就是获得更多的数据，其中最为执着的是丹麦天文学家第谷（1546—1601）。

第谷非常崇拜哥白尼，他曾经派专人去访问哥白尼的旧居，并带回哥白尼用过的仪器。当第谷第一眼看到捕星器时，他内心激动不已。他拿起来上下端详，不敢相信哥白尼竟然用这么简陋的仪器发现了天体的奥秘。

第谷崇拜哥白尼的精神和成就，也认同“日心说”，但他却认为地球本身不存在自转，他也知道当务之急就是获得更多的数据。1576 年，第谷说服了丹麦国王，他们花了一大笔钱在丹麦海峡的汶岛建设了当时全世界最好的天文台。第谷此后坚持了 25 年的夜间观察，并把观察数据全部记录了下来。

长时间的观测是极其枯燥的，但第谷不厌其烦，他对着一颗恒星观测了 6 年，获得了极

为精确的位置数据，然后以它为基准，测量出了另外一千多颗恒星的位置。正是因为这些数据，天文学从对古代数据的依赖当中解放了出来，消除了一系列由于错误数据导致的错误结论。他的肉眼观测精度之高，前无古人。后人评价说，第谷编纂的星表数据已经接近了肉眼分辨率的极限，同时代的其他人都望尘莫及。第谷留下的观测数据为世界天文学的发展留下不可磨灭的贡献。他去世后不久，伽利略就制造出了望远镜。可以说，第谷是人类历史上最后一位，也是最伟大的一位用肉眼观测天空的天文学家。

今天的汶岛天文台遗址

找妻子也要面试

科学史上的另一个重要人物——开普勒（1571—1630），也是“日心说”的支持者。1596 年，开普勒把自己的思考写进了他的第一本著作《宇宙的奥秘》，出版后他还给第谷寄了一本。第谷被里面的数学计算公式和几何推理打动了，他邀请开普勒担任助手，但开普勒谢绝了。直到 1599 年，第谷被聘为皇家数学家，开普勒才投奔了第谷。

开普勒笃信数据和数学公式。关于他，有一则著名的趣闻：他有 10 个孩子，当妻子死于斑疹热之后，他决定续弦。他相信要找到最好的妻子是有一个公式的，方法是“面试”11 位候选人。他每见一位女性就做一次记录，这个记录是一系列观察的集合。例如，他见到第一位候选人后，记录下这位女性有“口臭”；见到第二位候选人后，记录下这位女性“有着超乎她身份的奢华”…… 他将所有的观察列成一个表，然后评分，最后确定一位女性是自己喜欢的类型，也是整个公式的“最优解”。但这位得分最高的女性居然不按数学规则行事，拒绝成为开普勒夫人。最终，开普勒选择了另一位。

开普勒没能得到最理想的婚姻，他与第谷的相处也不愉快。两人一度争吵、反目，直至分道扬镳。但在开普勒出走之后，第谷又邀请他回到了身边。其中的一个矛盾是，第谷不肯和开普勒分享他的数据。我们可以推测，这是因为第谷想把发现宇宙最大奥秘的机会留给自己。他让开普勒观察、计算火星的运动轨迹，却只给了他很少的数据。

1601 年，第谷因病去世。他所有的继承人都在争夺他留下的财产，只有开普勒的关注点是第谷的数据。对开普勒来说，第谷的遗产中最有价值的就是数据。最终，开普勒获得了这些数据，但他是如何获得这些数据的，则是至今没有结论的公案。1605 年，开普勒在一封写给朋友的信中坦言："第谷去世后，我利用了他的继承人缺乏警觉的状况，小心翼翼地获取了观测的数据，或者说占有了这些数据……"

开普勒曾经断言，如果把第谷所有的数据给他，他只要 8 天时间就可以发现天体的运行规律。事实证明，他低估了其中的难度。在拿到数据之后，他整整工作了 8 年才发表了震世新定律。这是世界上前所未有、最细致、最精确的数据。开普勒要回答的核心难题是：行星到底是在一个什么样的轨道上运行？

无数个夜晚，开普勒面对着一张张铺满桌子、布满数据的星体运行表苦苦思索。这是一个数据丛林，他竭力寻找一条与数据相符的真正轨道。年复一年，他想尽办法，反复尝试了 50 多种曲线。这其中真正的困难在于，太阳系的星体都在围绕太阳公转，地球自己也在自转，一切观察都是两种运动的叠加。开普勒后来想到一个很好的办法：地球每 365 天就会回到同一个点，而其他的行星还在自己的轨道上运动，把每天取一次数据变成每年取一次，这样就多了一个固定的参照。他用这个方法画出了一个又一个行星的运行轨道。

最后，他得出了一个惊人的结论：只有让行星沿着椭圆的轨道而不是圆形的轨道运行，哥白尼、第谷以及其他人数百年留下来的所有数据才能得到一个完美的解释。而在此之前，2000 多年的传统天文学告诉人类，行星运行是以圆周为基础，而且是匀速的。这意味着，开普勒必须和这个 2000 多年的传统进行决裂！

开普勒的方法就是用数据研究科学，即从数据层面寻找规律。用这种方法发现的规律可能暂时还无法解释清楚，但却可能带来巨大的启示作用。开普勒用这种方法，还发现以太阳为焦点的按椭圆轨道运行的所有行星绕太阳运行一周所需时间的平方和椭圆轨道半长轴的立方成正比。这就是开普勒第三定律的主要内容。

这些卓越的发现基本解释了整个天体的运行规律。开普勒因此被后人称为“星体立法者”。

太阳系八大行星绕太阳运动的数据

行星	周期/年	轨道半长轴的长度/天文单位	周期²/轨道半长轴的长度³
水星	0.241	0.39	0.98
金星	0.615	0.72	1.01
地球	1.00	1.00	1.00
火星	1.88	1.52	1.01
木星	11.8	5.20	0.99
土星	29.5	9.54	1.00
天王星	84.0	19.18	1.00
海王星	165	30.06	1.00

根据新的曲线和规律，开普勒可以预测星体的运行了。1629年，开普勒预言：1631年11月7日将会发生一个非常新奇的天象，这一天，水星将会运行到地球和太阳之间，三者将会连成一条直线，在地球上将会看到一个黑色的小圆点横向穿过太阳的圆面，这个小圆点就是水星的投影，这个现象被称为“水星凌日”。但开普勒没能亲眼看到他的预测成真，他于1630年11月15日在拮据的经济状况中与世长辞。

1631 年 11 月 7 日这一天，预测者已经离去，法国天文学家伽桑狄（1592—1655）在巴黎用望远镜观测到了水星这个黑色的小圆点在太阳的圆面上由东向西徐徐移动的全部过程。

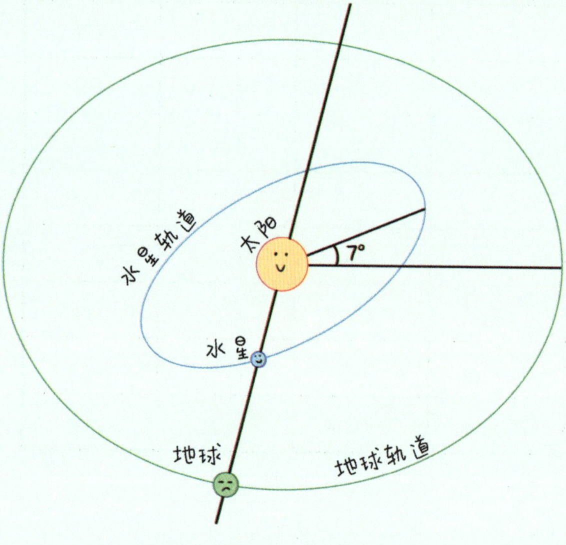

水星凌日图解

值得一提的是，1609 年 11 月，就在开普勒走出数据丛林之时，伽利略第一次把望远镜对准了星空。通过望远镜，他看到了很多新的奇妙景观，发现太阳系中还存在一些天体，它们在围绕太阳之外的其他天体运动。这又证明了地球根本不是宇宙的中心。

但为什么行星可以不借助任何力量就能够沿着恒定的轨道不停地旋转，并且速度会有变化，开普勒没能回答这个问题。直到1687年，英国大科学家牛顿（1643—1727）给出了答案——万有引力。万有引力也解释了地球上很多物体的运动，人们终于明白，为什么站在地球底部不会掉下去；为什么地球在高速运转，人们也不会被甩出去。牛顿把驱动行星旋转运动的力和地球上的力联系了起来。从此，天空和大地在科学定律当中得到了终极的统一，科学革命迎来了真正的高潮。在这之后，科学进入了真正的加速阶段，人类取得的各种巨大进步、发明创造不胜枚举。

牛顿的发现从根本原因上解释了天体运行的规律，这代表了科学研究的另一条路径——从基本原理的层面解释自然和社会。但大部分情况下，我们面对一个未知的世界，凭什么才能勘破现象直达本质呢？面对复杂的新问题，开普勒的方法往往更为有效。

回顾科学革命开启的历程，有一点启发是很清楚的，那就是我们首先需要大量的观测数据，当我们占有的数据越多，就越有可能做出正确的归纳，发现科学的规律。

4 “侦探医生”斯诺

人类用量化的方式来看待事实、记录事实，这促进了近代科学的出现。人们的生产生活也随之出现了重大的改变，很多过去无法解决的难题，也通过实验和数据得到了解决。现在，我们要讲一个医生如何通过科学实验和逻辑推理拯救生命的故事。

霍乱来袭

工业革命是人类历史上划时代的变革，它在英国发生。但你肯定很难想象，1850 年前后的英国首都伦敦，作为当时全世界首屈一指的大城市，是个什么样子。毫不夸张地说，它是一个被粪坑包围、恶臭弥漫的城市。

说起来这与抽水马桶的发明有关。18 世纪末，英国人发明了抽水马桶，从 1800 年到 1850 年，抽水马桶快速普及。与此同时，伦敦已经有了很好的自来水供应系统。坐上马桶，粪便一冲而走，这极大地改善了大众的生活。但令人想不到的是，马桶的普及也带来了灾难性的后果。在当时，即使像伦敦这样先进的城市，也没有一套与之相匹配的污水处理系统。大多数抽水马桶只是把污水和粪便排到了和房子邻近的粪坑当中，而这些粪坑需要掏粪工人来清理，粪便还需要用马车来运输。

这时的伦敦正处在快速的城市化进程当中，拥有 240 万人口，而它的面积却只有 230 平方千米。到粪坑来拉粪便的马，就是当时最主要的交通工具，这些马也会随地排泄。这样一来，整个伦

敦城弥漫着粪坑、下水道、作坊、锅炉以及牲口到处穿行散发的臭味。

一种可怕的烈性传染病——“霍乱”开始流行。当时，这种病无药可医，染上就是等死，而且症状十分恐怖：全身肌肉痉挛，不停地上吐下泻，直到身体内的水分被排干，十分痛苦。大面积的霍乱共暴发过 4 次，每次都有数以万计的人死亡。其中 1848 年至 1849 年的暴发导致 5 万人死亡，这引发了极度的恐慌。

但当时人类一直搞不清楚霍乱大面积暴发的原因，治疗更是无从谈起。主流的观点认为城市里的恶臭空气是霍乱的源头，即“瘴气论”，甚至很多人鼓吹用除臭剂来阻断霍乱的流行。

下面是一些城市在大霍乱期间发布的一份紧急通知。

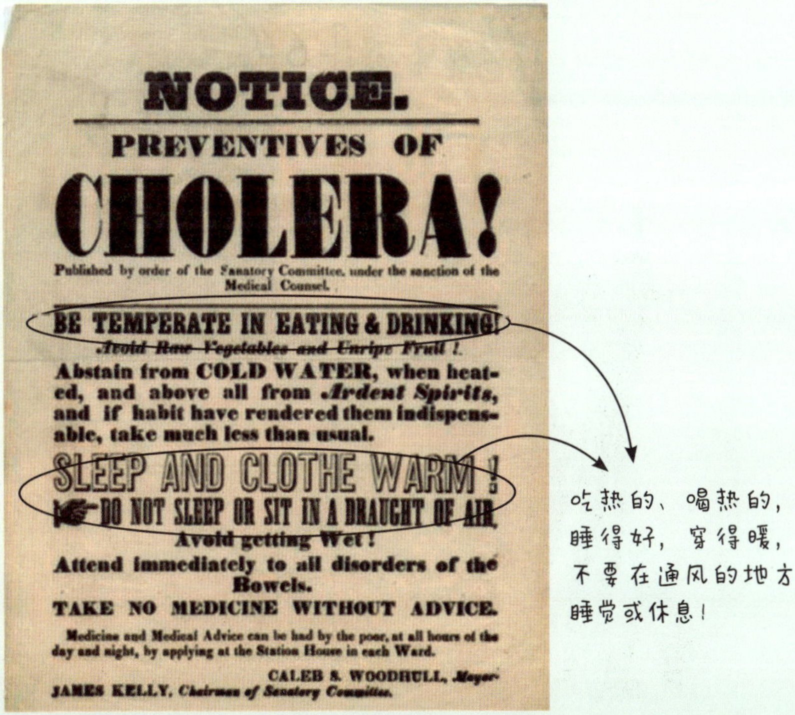

NOTICE.

PREVENTIVES OF

CHOLERA!

Published by order of the Sanatory Committee, under the sanction of the Medical Counsel.

BE TEMPERATE IN EATING & DRINKING!

Avoid Raw Vegetables and Unripe Fruit !

Abstain from COLD WATER, when heated, and above all from *Ardent Spirits*, and if habit have rendered them indispensable, take much less than usual.

SLEEP AND CLOTHE WARM!

DO NOT SLEEP OR SIT IN A DRAUGHT OF AIR

Avoid getting Wet!

Attend immediately to all disorders of the Bowels.

TAKE NO MEDICINE WITHOUT ADVICE.

Medicine and Medical Advice can be had by the poor, at all hours of the day and night, by applying at the Station House in each Ward.

CALEB S. WOODHULL, *Mayor.*

JAMES KELLY, *Chairman of Sanatory Committee.*

可以设想，人们因此而紧闭门窗，每日祈祷，希望借此逃脱死神的收割。

但事实上，霍乱是通过受污染的水传播的。恶劣的给排水条件导致了饮用水和污水的互相渗透，正是这个原因造成了“霍乱”

的流行。不能保护水源，那所有抵抗、防御和控制的措施都是无效的，可能还适得其反。伦敦城的第 2 次大霍乱期间，政府官员组织清扫垃圾，把含有病菌的污水排入河中，而河水又进入家庭，这无意间造成了霍乱的再一次扩大和传播。可以说，大霍乱中的伦敦城，人们是在集体赴死却不自知。

人们在用各种各样的方式打扫卫生、寻找传染源

这个错误，直到斯诺（1813—1858）医生的出现，才发生扭转。他运用数据和统计为武器，和夺走数十万人性命的疾病展开了斗争。

瘴气还是水污染

斯诺是一名医生，尤其在麻醉方面非常成功，他每年要为数百台手术进行麻醉。1853 年，维多利亚女王的王子出生，就邀请斯诺担任麻醉师。因此，斯诺也算是一名皇家医生。

结束外科医生令人讨厌的时代

$C_4H_{10}O$ $C_4H_{10}O$

当时的麻醉术刚刚出现不久。在没有麻醉术之前，在医院的手术室里，常常会传出病人惨绝人寰的哭叫声。1846 年，美国的牙医莫顿（1819—1868）发现可以用乙醚来作为麻醉剂，以减轻手术中病人的痛苦，这种方法很快就传到了英国伦敦。

斯诺发现，乙醚很神奇，但麻醉效果却常常不稳定：有的时候非常完美，整个过程病人都处于昏睡状态；但有的时候病人会在手术中突然醒过来；还有的时候病人根本就不会入睡。他推测根本的原因在于剂量，之所以难以控制剂量的多少，是因为气体在不同温度下的密度相差很大。

斯诺尝试解决这个问题，他制造了一款乙醚吸入器。它通过控制水温来控制乙醚的密度，进而控制病人的乙醚吸入量。为了得到精确的数据，斯诺把刚发明的乙醚吸入器固定在自己的脸上，让乙醚吸入器释放出乙醚气体。几秒之后，他的脑袋就耷拉在桌子上。等他一醒过来，尽管双眼迷离，他还是强打着精神马上拿起表记下他失去知觉的时间。他发现温度每升高 20 华氏度（1 华氏度 =5/9 摄氏度），乙醚的剂量就应该增加 1 倍。斯诺把不同温度之下乙醚的强度和用量制成了一张表，供医生使用。

早在 1831 年，霍乱头一次在伦敦暴发的时候，斯诺还是一名学徒，他目睹了整座城市的生活如何被摧毁，于是他开始关注并研究霍乱这种病。当时的人们都传言，霍乱是通过空气传播的，城市里无处不在的臭味和瘴气是这种传染病的根源。

伦敦市政府有个统计学家，叫法尔（1807—1883），他的职责就是记录人口的最新变化，例如出生、死亡和结婚。法尔非常有见地，在他接手霍乱疫情统计之前，办事员仅仅是记录死者的姓名和地址。法尔认为，增加记录的变量就可提升数据的价值。他劝说医生在报告死亡病例的时候，从他规定的 27 种疾病当中选出一个死亡的原因。所以经他统计的数据，不仅有年龄、地址和职业，还有死亡的原因。这给伦敦的医生和卫生机构提供了一个新的制高点，他们第一次可以追踪、调查城市流行病发生的时间、地点，分析其模式和成因。

但法尔也笃信“瘴气论”。他认为，污浊的空气会积聚在低处，高的地方空气较好，因此居住在高处的人感染霍乱的可能性要小。于是，他在收集霍乱死亡案例的时候又增加了一个要求，记录病

人居住地的“海拔高度”。大霍乱期间，法尔每周都发布伦敦市的死亡报表。巧的是，这些数字好像真的显示出海拔高一些的地方病人更少、更加安全。

1848 年，伦敦暴发了第 3 次大霍乱。斯诺发现，霍乱患者的最初症状都是呕吐、腹泻。“如果真的是瘴气传播，那为什么最先被感染的不是鼻子和肺，而是肠胃？又为什么一家人当中会有幸存者，接触患者的医生也不会被传染？”

斯诺断定，细菌一定是经人的口腔进入肠胃的。他推测这极有可能是因为喝了不干净的水。但受限于当时的科学设备，看不到水里的微生物。被霍乱细菌污染的水，看起来和正常的水一样纯净透明。斯诺根本无法验证他的观点。

为了获得更多证据，斯诺深入病区，他挨家挨户地敲门，询问患者喝水的信息。他发现了一个惊人的事实，1848 年至 1849 年霍乱暴发期间，伦敦市共有 7466 人死亡，其中 4001 人都居住在泰晤士河南岸。根据这些数据，可以看出南岸的死亡率是市中心的 3 倍，而伦敦西边和北边的死亡率很低。

对此，“瘴气论”的流行解释是，泰晤士河南岸聚居了大量的劳工阶层，污浊的空气导致了更高的死亡率。

斯诺举出反证说，伦敦东区比泰晤士河南岸聚居了更多的民工，是全伦敦最贫穷、最拥挤的地方，但死亡率却只有泰晤士河南岸的一半。真正原因是南岸居民的饮用水都来源于泰晤士河，而北岸居民的饮用水有多个来源，泰晤士河只是其中之一。他分析了各个来源，发现死亡的人数和饮用水的来源有高度的相关性。

斯诺对饮用水的来源进行的分析

水源	家庭数/户	死亡人数/人	万户死亡人数/人
饮用A公司的水	40046	1263	315
饮用B公司的水	26107	98	37

斯诺的调查数据表明，饮用A公司的水的家庭里有1263人死于霍乱，而饮用B公司的水的家庭里只有98人死于霍乱。当然，单纯比较死亡的绝对人数是不公平的。因为有的地区住的人多，有的地区住的人少。斯诺又按照每万户的死亡人数来对比，得出结论：饮用不同供水公司的水，死亡率会有高达近8.5倍的差距。

这究竟是什么原因？

斯诺又追踪了两个公司的水源，他发现，A公司是在流经伦敦市中心的泰晤士河下游取水，而B公司是在其上游取水。当时的泰晤士河已经被霍乱患者的排泄物污染了。

斯诺告诉法尔，从数据上看，“瘴气论”好像也是正确的，

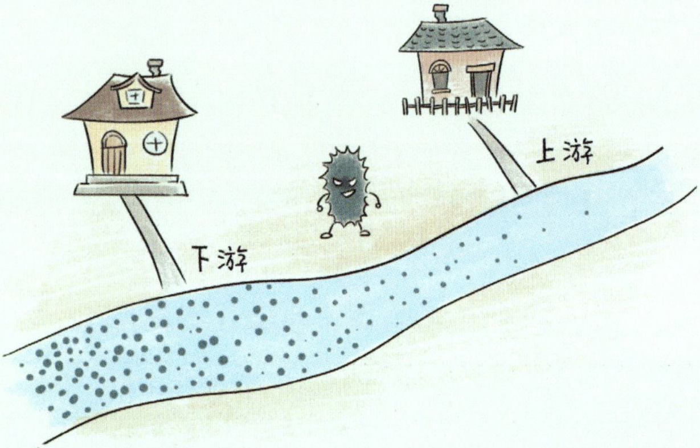

那是因为在海拔高的地方，人口的密度往往低，因此死亡的人口总数较少。另外，根本的原因不在于这些地方远离瘴气，而是居民远离了泰晤士河，水源较干净。

1849 年，斯诺把这些调查和发现编写成了一本小册子——《霍乱的传播方式》，正式提出了水污染是造成霍乱流行的真正原因。但他的观点无人相信，大众对“瘴气论”仍然深信不疑。毕竟，嗅觉是人类的一种最原始的感觉，人类对自己感觉的迷信可谓根深蒂固。

法尔对斯诺的观点也半信半疑，他提出：要测定水源对霍乱的影响，必须要有两组居民。这两组居民要生活在同一海拔高度，活动于同一空间，吃的东西要一样，工作内容也要相同，唯一不同的条件就是饮用水的来源。但现实中的伦敦显然找不到这样的实验条件。

不过，斯诺最终说服法尔，在他的统计当中增加了一个新的变量：死者的水源。

1854 年的秋天，霍乱又一次席卷英国。8 月 31 日暴发，3 天后就有 127 人死亡；10 天后，死亡人数攀升到 500 多，其中一个叫宽街的地方，死亡人数最多。

这时候的斯诺，每周总是在第一时间阅读法尔的死亡报表，关注死者的水源，希望在表格和数据中寻找到线索。虽然法尔收集了水源，但根据这部分数据，斯诺却做不出任何判断。

为什么呢?

这是因为整个伦敦有十几家大公司在为城市供水，各个公司的经营范围互相交错，供水管杂乱无章地交织在一起，仅凭地址无法准确判断供水公司。

斯诺左思右想，无计可施，最后用了最笨的方法：上门走访。但斯诺很快发现，即使挨家挨户去敲开患者的门，得到的结果还是不完整、不准确的。这是因为很多住户根本不知道自家的供水公司是哪一家，而有的住户家中的水费可能是由房东支付的，并且很少有人保存收据。

苦心人，天不负。细心的斯诺又发现了新的线索。他在走访中得知，某家公司的水所含盐分是另外一家公司的 4 倍，凭借这个差别就能判断水的来源。这样一来，他碰到不知道哪家公司给自己供水的住户，就取一小瓶水样，在瓶上注明地址，然后拿回去分析。

在死亡人数高度集中的宽街，他发现：几乎所有的死亡病例都发生在同一个街头的水泵附近，只有 10 名死者的住所靠近另一个街头的水泵。在这条街上，他还发现，有一家啤酒厂和感化院没有一个人死亡。他实地走访了这两个地方，发现啤酒厂和感化院都有自己的独立水井，而且啤酒厂的工人平常只喝啤酒，不喝水。斯诺更加确定，水就是人们感染霍乱的最终原因。

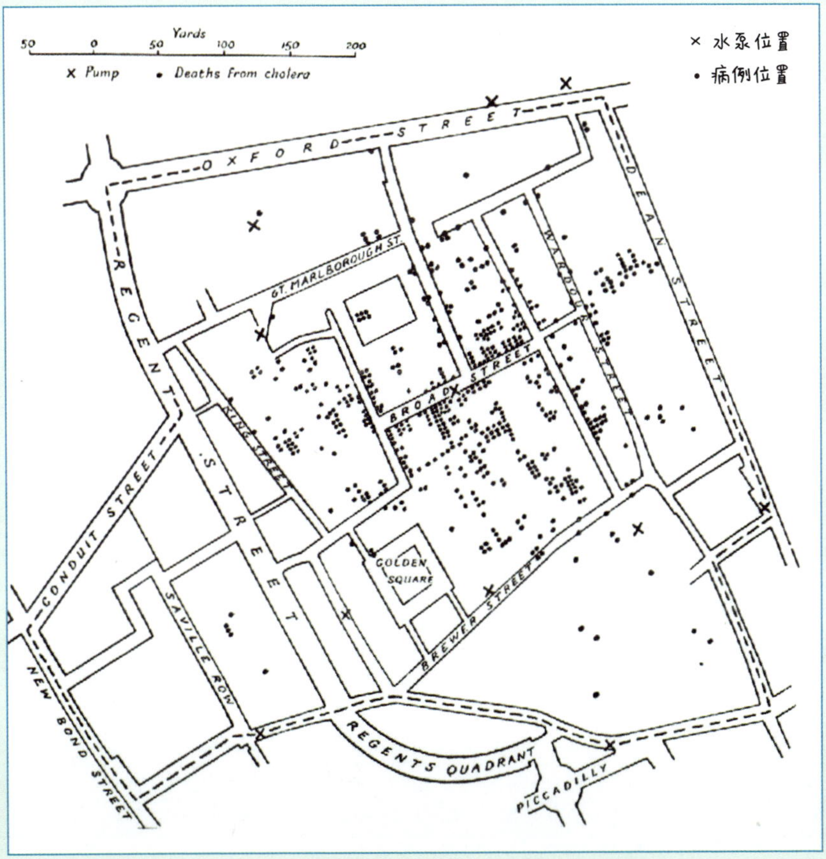

水泵和霍乱的传播

注：这幅图的各种版本出现在今天的各种教科书中，它已经成为数据可视化的一个标志性符号，它展示和代表的并不仅仅是绘图的技术，而是收集数据的科学原则和大无畏的精神。

斯诺不仅追踪每一起因霍乱导致死亡的病例，他还创新了记录的方法，他将死者的地址在地图上标注成一个一个的点。当所有代表死亡的点都被标注上去之后，地图呈现的信息立刻清晰起来：霍乱绝不是像一团云雾一样逗留在该地区，而是从一个点辐射出去的，那就是水泵！斯诺用数据呈现了水源质量与病例之间的关系，图表的视觉冲击力一下子驱散了疑云！

9 月 8 日这天晚上，是新一轮霍乱暴发的第十天。在政府组织的紧急会议上，斯诺展示了自己的数据和发现，并建议立即封闭宽街上的水井，以此切断霍乱的传播。

这在当时是一个异常艰难的决定。因为如果斯诺搞错了，那些备受瘟疫折磨的家庭还将没有水喝、没有水用，这无异于雪上加霜。但斯诺在会议上慷慨陈词，请大家相信他的数据和分析。如果他是对的，这个举措将会挽救无数的家庭和生命。市政理事会最后投票决定采纳斯诺的建议，立即拆除了宽街上的水井的水泵手柄，以控制水井的使用。

宽街的霍乱由此慢慢平息下来。

后续调查证明：宽街 40 号有 1 名女婴曾被确诊患了霍乱。而女婴的母亲把洗尿布的水倒入了家门口的化粪池。距离这个化粪池不远处，就是前面提到的死亡病例高度集中的那个水泵。化

最美逆行

粪池里的秽物不断地渗透到土里，导致饮用水被污染。如果当局没有及时拆除水泵，后果不堪设想。

在我看来，斯诺是一名英雄，真正的、有头脑的英雄。无论干哪一行，那种流于表面的实验和观察都无济于事，最高水平的成就来自于对规律持之以恒的细致跟踪和研究。正如斯诺，如果没有他的行动，或者他的行动有一点儿走形的话，宽街的霍乱乃至整个伦敦市的局面将会完全两样。也就是说，斯诺运用数据做出的判断及时地预防了宽街霍乱的再次暴发。

这之后，有识之士逐渐接受了斯诺的观点：霍乱细菌是通过污水传播的。伦敦市政府也因此下决心建设一套新的、现代化的下水道系统，把污水处理和生活供水彻底分离开来。但在此之前，斯诺已经离开了人世。

斯诺因病去世，时年 45 岁。据说他的早逝跟年轻时做实验吸入了太多的麻醉气体有关。今天，斯诺被全世界尊称为“现代流行病学之父”。但在他离世之前，他对霍乱的发现和贡献并没有得到社会的广泛认可。据斯诺的一位朋友回忆，他对此已有预见，他谈到他的观点不被认可时如先知一般平静，他是这么说的：

> 很可能你和我都活不到那一天，等那一天到来的时候，也许没有人还记得我的名字，但是到了那时，霍乱的大规模暴发就成了往事，人们掌握了霍乱传播的方式，霍乱由此终结。

纪念斯诺的水泵和以“斯诺”命名的酒吧

1868年，整个伦敦市的下水道系统完全投入使用，伦敦的恶臭渐渐消失，饮用水的质量逐步提高。这套系统一直使用到今天，仍是伦敦市污水处理的中流砥柱。自此之后，霍乱彻底成为了历史，再也没有在伦敦出现过。

5 “算”出来的胜仗

算“人”，算“粮”，还要算“钱”

斯诺用数据和对数据的统计分析拯救了大批的生命，而有位将军则将数据意识用在了战场上，真正成了一个知己知彼、料敌于先的“诸葛亮”式的人物。

美国的南北战争爆发时，林肯刚刚就任总统。他的第一反应是极力避免战争。于是一上任，他就调来了第 8 次全国普查数据。

面对着最新的数据和美国地图，林肯彻夜忧思。首先，他想用数据证明，即使两方有水火不容的分歧，战争也不是最佳选择。林肯提出了由政府出钱、为奴隶赎身的计划，但一算账，发现联邦政府的预算不够！林肯又要来了各个州的黑奴明细，他一个州一个州地计算，最后向南方各州正式提出了一个关于政府赎买奴隶的财政补偿方案。

林肯（1809—1865）

但这时候，南方联盟因为在战场上连连取胜，对林肯的提议不屑一顾。林肯意识到战争无法避免，就要来了另一份数据明细，详细对比了全美各州的潜在军事力量。令他欣慰的是，全国 18 岁到 45 岁之间的青壮劳力，69% 左右集中在自由州。即使中间的摇摆州全部倒戈，南方的军力也不足。这份数据给林肯吃下了一枚“定心丸”。他深信，胜利最终将属于北方。

算完了“人”，林肯又开始算“粮”。但当时没有真实的年度数据，只能推算。于是在 1862 年，林肯下令成立了美国农业统计部。

除了要有人、要有粮，想打胜仗还要有钱。没多久，为了给战争筹款，林肯又决定开征新的税种，这又需要以人口数据为基础，进行详细的规划和计算。

我们先来了解一下美国的人口普查制度。最初的人口普查就是点人数。美国立国之初就在宪法当中规定，每10年必须进行一次人口普查，因为要根据最新的人口数量分配各个州在国会当中的议席以及各项联邦资金。此后，随着数据的价值凸显，普查范围开始逐步扩大，慢慢超出了单一的统计人口数量的范畴。

随着战事的展开，一线指挥官索要数据的要求也接踵而来。在各地驻扎的部队都需要掌握当地的经济实力和工厂的多少、分布，以及制造炸药等武器的能力。最后，为应对各级指挥官对数据的需求，普查部门的统计人员直接被派驻到战争委员会，随时为指挥部提供数据支持。

一线指挥官对数据的迫切需求也催生了普查部门的创新。普查人员在地图上标注各地人口的多少，并借助颜色的深浅来表示各个地区的人口密度。其中不乏一些明细数据，如白人多少、自由黑人多少、奴隶多少以及各个人群年龄的分布，再辅之以当地的面积、各类农作物的产量、骡马等牲畜的数量，然后将这些数据下发各级指挥官。这是普查部门早期重要的创新，也是美国历史上对数据可视化最早的探索和尝试。

兵马未动，数据先行

地图和数据在很多战役中发挥了重大的作用，其中最为著名的应用就是谢尔曼（1820—1891）将军领导的“向大海进军”（March to the Sea）了。谢尔曼是美国南北战争中的一代名将，也是北方阵营中除总统林肯、总司令格兰特之外的3号风云人物，因为其卓越的军事才能而名垂青史。

1864年8月，战争如火如荼。谢尔曼受命率领6万大军挺

“数据将军”谢尔曼

进南方的中心城市亚特兰大，他攻占亚特兰大之后，采取了后世历史学家公认为整个南北战争中“最为大胆、最为关键的一次行动”——挥师东进、横穿佐治亚州，一路打到美国东部的海岸线。

兵马未动，粮草先行。传统的做法是，在军队行进过的公路、河流和铁路逐级部署，建立层层相连的供应链，以确保食物、弹药能源源不断地供应给前锋部队。

身经百战的谢尔曼当然明白这个道理。在进入佐治亚州的地界之前，他已经详细地了解了当地的情况。其中，普查部门提供的各种数据给他留下了深刻的印象。这些数据表明，佐治亚州物产丰富、人民富有，堪称“鱼米之乡、奶蜜之地”。一段时间以来，在颠簸的马背上，这些数据不断浮现在谢尔曼的脑海，一个大胆的计划正在酝酿成型。

9 月 2 日，谢尔曼攻陷了佐治亚州的首府亚特兰大。南方军队在撤离之前，纵火烧毁了各种重要设施，城内一片火海，一连烧了几天，史称“火烧亚特兰大”。但在破城的第一时间，谢尔曼就命令身边的近卫部队立即占领州政府的办公室，搜寻一切可

能获得的地图、财税明细和各种表格。

盘桓在谢尔曼脑海的计划是个巨大的冒险，他需要更多的数据来支持。毕竟，目前的普查数据，是 1860 年的调查结果。4 年过去，各地的情况可能有所改变，新的地方财税数据可以起到补充和印证的作用。

驻扎在亚特兰大期间，谢尔曼每天都站在地图的前面，眼前满是数据。他盯着地图，不时向身边的参谋发问，参谋们则迅速“报数”。听着报出来的一连串数字，后勤参谋则在一旁快速地计算出这些资源可以支持一支队伍几天。

谢尔曼的冒险计划是：切断自己的后方补给，带领全体部队全力突进、穿越整个佐治亚州。他试图以数据为“航标”，根据农场、牲畜、集市、车站等重要资源在各地的分布，通过精心的计算，确定最佳的行军路线和在各地的停留时间。沿着这条路线，部队必须能够在当地完成补给，并最少地遭遇敌方的正面阻击。

谢尔曼将这次行动称为“向大海进军”，目标是东部沿海重镇萨凡纳。他的部队官兵共 62000 人，其中步兵 55000 人、骑兵 5000 人、炮兵 2000 人，战马 35000 匹，各类车辆辎重 2500 辆。这是一支庞大的部队，从亚特兰大到萨凡纳，共 300 多千米的路程。这条行军路线被后世称为“毁灭之路”。谢尔曼自断粮草、孤军深入的做法并不是不需要补给。他的策略是根据数据确定食物和资源的可能方位，完全靠在当地“打劫”来维持补给，同时，摧毁沿途的集市、工厂、铁路、桥梁等重要的社区和基础设施。换句话说，一是抢光，二是毁光。谢尔曼认为，他的计划一石二鸟。他公开宣称，正是要通过这种焦土政策，摧毁南方的一切，让南方的百姓品尝到战争的惨痛后果，世世代代都不敢再脱离联邦。

“向大海进军”的行军路线图

为尽量获得资源，谢尔曼将其部队分为 5 路大军。上图的 5 条线分别代表其行军路线，其中标记为红色虚线的是骑兵，为机动力量，在紧急情况下对其他 4 路大军进行支持和救援。各路大军都沿着普查数据表明有足够资源的路线行进。其中，米利奇维尔市位于鲍德温县。谢尔曼认为该县足够富裕，因此该地区被定为其中 3 路大军的会合之处。

在详细计算了5条行军路线沿途的资源之后，谢尔曼相信“不仅会有足够的粮食，而且沿途会有足够的骡马，以更换所有的马匹”。事实证明，他的预测完全正确，到达萨凡纳之后，其部队的马匹几乎全部更换，处于更加精良的状态。

可以想象，为搜寻一切可能的补给物资，谢尔曼大军所到之处，当然挖地三尺、鸡犬不留。据他的行军日志的记载：“6万余人的大军，共40个旅，每天每个旅派出50人去搜寻食物。他们步行出发，但回来的时候，每个人都骑着马，并拉着几车牲畜和土豆。”谢尔曼后来向格兰特报告说，部队沿途共消耗骡子15000头，牛10000多头，鸡鸭无数，这些全部来自农家田舍。也因为这种大肆劫掠的做法，沿途的农舍、居民集聚区、工厂等重要的社区和设施都被完全摧毁。这也是这一行军路线被称为“毁灭之路”的根本原因。

这时候，林肯4年的总统任期临满，正在竞选连任。前方战情的变化可谓牵一发而动全身。林肯亲自操心军粮的筹备，谢尔曼却表示完全不用。林肯认为这种冒险违背常理，可能导致6万余人的大军因为饥饿而溃散、不战自败，为此两人意见不一。但总司令格兰特相信谢尔曼的判断，最终批准了谢尔曼的冒险计划。

谢尔曼自断后路式的突袭，也切断了他和指挥部的联系。前方战事吃紧，林肯在白宫翘首以盼，却一连5周杳无音信。12

月23日，临近圣诞节，坐立不安的林肯终于收到了前线的电报。谢尔曼在信中说，萨凡纳已经被攻陷，这是他送给总统的新年礼物。林肯喜出望外，他回电说：“此举成功，荣誉尽归你所有。请将我的感激和谢意转达给全体官兵。”

谢尔曼同时给普查局局长发去了感谢信，信中说：“在这场战争濒临结束时发生的种种事件证明，您给我提供的各种统计表格和数据价值巨大。没有它们，我不可能完成任务。这些任务，对世界上最敏捷、最有经验的部队而言，都是像迷宫一样的难题。”

这个时候，总司令格兰特的部队与南方军队胶着在弗吉尼亚州，动弹不得。谢尔曼率军进入南方的腹地，再度攻城略地。几个月后，南北战争画上了句号。

“向大海进军”，是历史上“全面战”的重要案例。谢尔曼在战争期间对南方进行的毁灭性的扫荡令其备受争议，但谁也不能否定他对南北战争的贡献。谢尔曼的行为，不是偶然的。后来格兰特评价说：“无论在行军的马背上，还是在驻扎的营地里，或者在指挥中心，谢尔曼无时无刻不在思考。”后世的历史学家认为，谢尔曼行军打仗的方法，表明他是美国历史上第一位具有现代意识的将军。

多年后，谢尔曼在回忆往事时，又谈到“向大海进军”这次突袭。他总结说：“历史上没有任何一次行军远征，曾经建立在像这次一样完善和确凿的数据之上。”

对于与谢尔曼所面对的远征军补给类似的问题，北宋科学家沈括（1031—1095）就做过详尽的数据分析，他在《梦溪笔谈》这本书里展示了计算的过程：

1 个士兵可以自带 5 天的干粮，1 个民夫可以背 6 斗米，如果 1 个民夫供应 1 个士兵，两人同吃同行，其粮食能支持部队进军 18 天，若计回程，只能行军 9 天；如果 2 个民夫供应 1 个士兵，单程能行军 26 天，若计回程，只能行军 13 天；如果 3 个民夫供应 1 个士兵，而且每吃完 1 袋米，就遣返 1 个民夫，单程最多可行军 31 天，若计回程，只能行军 16 天。

沈括继续分析说，对一支 10 万人的大军而言，随军辎重就要占去三分之一的兵力，最后真正能上阵的士兵其实不足 7 万，如果 1 个士兵需要 3 个民夫供应的话，就需要征召 30 万民夫，30 万人还需要组织和管理，这又要增加额外的人手。但就是这

30 多万人的庞大后勤，也只能支持部队行军 31 天。

沈括因此做出结论：凡行军作战，应该争取从当地获取粮草和补给，这是最为紧迫的事情；否则，不仅耗费大，而且走不远、跑不快，作战能力极为有限！

沈括的分析有数有据，但如何在当地获取补给，受限于时代，他回答不了这个问题，因为他根本没有更多的数据支持。

正是因为没有建立系统收集数据的制度，在中国几千年的文明史中，关于数据的分析难成体系。

6 做个“预言家”

数据看起来能量很大，能解决很多的难题，甚至可以成就一个国家。那你肯定会问了，数据这么能干，能测天测地，能不能测出人的心理呢？这真是一个切中要害的问题。人类热衷于预测，如果仔细想一想，你会发现人类所有的努力都是在对未来进行预测，没有什么比预测更令人激动的事了。

持续百年的预测游戏

最早的测人心游戏起源于“你支持谁来当总统”。1824 年，为了预测谁能当选美国总统，宾夕法尼亚州的一份报纸派出若干名调查员。他们在车站、街角、餐厅等人口集中的地方，询问、记录人们的观点，然后根据调查结果，在报纸上预测谁能当选，以引起大众的关注和讨论。事实上，他们发布的第一次预测是错误的，但大众却很喜欢，还对此津津乐道。

这个“抢眼球、聚人气”的话题，很快就引起了各大报纸的跟风和竞逐。美国一是选举多，二是报纸多。根据美国的宪法，各级行政长官及国会议员、地方议员都需要经过选举产生，并有一定的任期。在这种制度的安排下，大大小小的选举活动便在美国长年累月、周而复始地发生。每一次选举，谁能当选不仅牵动候选人的心，而且牵动着大众的神经。在报纸的推波助澜下，对选举结果的预测和研究，逐渐成为大众政治生活中的重要内容，而且获得了一个更响亮的名称：民意调查，即通过调查，预测民意的走向。

为了准确地预测到底谁能当选总统，各大报纸、杂志都争相开展民意调查，这开启了民意调查的时代。蜂拥而上的结果，就是竞争。竞争的结果，就是民意调查的科学性不断提高，范围不断扩大。在20世纪30年代，最终形成了一个商业化的调查产业。

黑马崛起

最为重要的转折点，就出现在1936年。这一年，第32任美国总统罗斯福（1882—1945）为了争取连任，和共和党的兰登（1887—1987）对垒，打响了竞选战。这时候，一本叫作《文学文摘》的杂志风头正劲。

《文学文摘》创刊于1890年，它畅销的主要原因是，准确地预测了1920年、1924年、1928年和1932年这4年总统大选的结果。随着该杂志销售量的逐年攀升，民意调查的热度和可信度也不断上升。

1936年，《文学文摘》在对240万普通民众进行了调查之后，把“宝”压在了兰登的身上。这个时候，一家刚刚成立不久的研究所只对 5000 人进行了调查，却宣布罗斯福会胜出。

这家研究所就是 1935 年成立的美国舆论研究所（AIPO），它的奠基人是美国民意调查科学化的先驱：盖洛普（1901—1984）。盖洛普和《文学文摘》在报纸上大打口水仗，互相攻击对方的调查方法“不科学”。这一仗，成了《文学文摘》的“滑铁卢”，罗斯福最终以大比分击败兰登，成功连任。《文学文摘》杂志社次年就宣布破产，退出市场。5000 人的问卷击败了对 240 万人的调查，专家学者和社会大众都大跌眼镜。盖洛普也如同一匹黑马名扬全美，成了新的行业领袖。

从 1824 年到 1936 年的一百多年间，民意调查的主要目标是追求调查群体的“大”。当时大家都相信，只有更大，才能更准。

但对这种做法，也有统计学家提出不同的意见：只要方法得当，就可以从总体当中抽出一部分有代表性的个体，通过研究部分个体的特点，从而推断出总体的属性。这就是我们常说的“一叶知秋”。

盖洛普成功的法宝是“科学抽样”。他没有盲目地大面积访谈调查，而是根据选民的人口特点，确定家庭主妇、工人、农民、老人、中年人、青年人等各类人群在5000人的样本中应该占有的份额，再确定电话访问、邮件访问、街头访问等各种调查方式所占的比例。由于样本找得准，所以能够以“小”见“大”。《文

学文摘》失败的原因也正是因为抽样不科学。它的调查对象主要是其杂志的订户，虽然访问的对象多，但都集中在中高收入群体，由于样本不均匀，造成了结果的偏差。

盖洛普这位数据大师还是个精明的商人，他很快就将抽样方法输出到英国和法国等国家。1945 年英国大选，绝大部分人都认为，首相丘吉尔（1874—1965）劳苦功高，必定连任，但盖洛普却预测工党的领袖艾德礼（1883—1967）将击败丘吉尔。没想到他又一语中的，传奇再次上演。随着盖洛普尽出风头，民意调查也被越来越多的国家接受。到 20 世纪 50 年代，民意调查逐渐发展成为一个独立的产业。

在这个日益兴旺的民意调查产业当中，“政治选票”预测是发家本领。出人意料的是，下一个接棒的居然是“电影票房”。通过对电影票房的预测，盖洛普迅速成功地把业务推广到了商业领域，开启了一个市场调查的崭新时代。

好莱坞也需要数据

还是 1936 年，就在罗斯福和兰登竞选战正酣的时候，一本叫作《乱世佳人》（也译作《飘》）的小说突然闯进了大众的视野。

小说之所以好看，是因为人物形象生动鲜明，故事接地气。米歇尔以南北战争中谢尔曼发动的数据远征“向大海进军”为背景，描写了亚特兰大一名富家千金郝思嘉在战争中的辗转命运。郝思嘉在农场主家庭中长大，从小备受娇宠，养成了任性、敢作敢为的性格。“向大海进军”摧毁了她生活的农庄，在颠沛流离的境遇中，她的爱情生活也遭受了一系列的波折和打击。郝思嘉常常犯错，她不断否定自己，又不断鼓励自己——用乐观、坚强的态度去重建自己的家园和爱情。

1936 年 6 月，新书上市，首发 1 万册，迅速告罄，接下来的几个月不断加印，一时洛阳纸贵。这本书的成功引起了好莱坞的关注。有的导演大声叫好，有的导演却嗤之以鼻。意见之所以不统一，是因为在此之前，好莱坞出品的以南北战争为题材的电影部部亏本，没有任何一部赚钱。又是南北战争的题材，好莱坞的大佬们当然都擦亮了眼睛，格外小心。但在影片版权的谈判中，版权方却喊出了高价。他们认为，虽然书的印量只有几万册，但小说正风行全国，通过借阅式的流通，实际的读者数量已经达到了印量的 10~20 倍。

但这毕竟只是单方面的估测，好莱坞的投资者们因此犹豫不决。很快，电话打到了盖洛普的公司，他们想请盖洛普做一个调查，用数据来证明《乱世佳人》到底有多流行。

一星期之后，盖洛普告诉委托方，此书非常流行，每10个受访者就有8个表示听说过这本书。于是，新书上市后不久，好莱坞著名的制片人塞尔兹尼克（1902—1965）用5万美元的高价收购了《乱世佳人》电影版的版权。此后，塞尔兹尼克又委托盖洛普调查到底有多少人读过这本书。经过几轮调查，1937年1月，盖洛普肯定地告诉他，《乱世佳人》已经成为美国有史以来最流行的小说，共有1400万美国人读过这本书。由此塞尔兹尼克信心大增。

听我的，没错!

但还没有等到电影开机，制片人、剧组和发行商之间就爆发了争议。争议的问题林林总总，从电影的时长、是否分为上下部，到黑白还是彩色，再到演员的选取、广告的设计，三方都各有说辞，吵成了一团。特别是塞尔兹尼克宣布选择英国的女演员费雯·丽（1913—1967）饰演郝思嘉之后，引起了更大的争议。因为涉及美国独立、黑奴解放等重大历史事件，有部分南方民众认为邀请英国人担纲女主角，有失国格，呼吁全美进行抵制。发行商也因此强烈反对制片人的这个决定。

塞尔兹尼克再次委托盖洛普调查关于争议问题的方方面面。盖洛普的调查一直持续了两年，其结果表明，大部分人不反对电

影分上下两部；60% 的观众想看彩色的电影；35% 的受访者对女主角的人选表示满意。

塞尔兹尼克后来回忆说，这些数据不再是个人的观点，而是实证的支持，不仅帮助平息了三方的冲突，也让他挺起了腰杆，和发行商谈判。

1939 年 1 月，随着盖洛普的调查全部完成，电影开机拍摄。拍摄方在重大问题的决策上几乎全部听取了盖洛普的意见，影片分为上下两部、时长为 238 分钟、彩色，请费雯·丽做了主演。最后，盖洛普还给了制片方一个结论，说这部电影将有 5650 万个观众，其人数之多，将创有史以来的票房之最。

虽然剧组最后几乎采纳了盖洛普全部的建议，但对 5650 万个观众这个“大”数据，没有一个人当真，甚至包括塞尔兹尼克本人。但盖洛普却一直都信心十足。在新片上市前，他又向塞尔兹尼克建议说，这个巨大的潜在观众群体，主要是小说的粉丝，所以影片的广告要突出“书”。塞尔兹尼克也接受了这个建议，首轮电影广告的设计，从图形到字体，他完全仿照了小说的封面。1939 年 12 月，电影上线，全美各地的影院都人满为患，纽约时代广场的国会电影院一天的观众竟高达 11000 人，创下了历史纪录。故事的发生地亚特兰大市甚至将首映日定为节日，举城欢庆，成为轰动性的文化盛事。

CLARK GABLE
VIVIEN LEIGH
FOR THE FIRST TIME IN ITS ORIGINAL TECHNICOLOR® GLORY
AND A REMASTERED DIGITAL SOUNDTRACK
LESLIE HOWARD
OLIVIA DEHAVILLAND
HATTIE McDANIEL
THOMAS MITCHELL
BUTTERFLY McQUEEN
DAVID O. SELZNICK'S PRODUCTION OF MARGARET MITCHELL'S
GONE WITH THE WIND

《乱世佳人》的电影海报

在接下来的4年内，《乱世佳人》的发行商一共推动了4轮上线。每次上线，发行商都会根据盖洛普的最新调查结果，调整广告和票价。1942年1月，在第3轮上线时，盖洛普的调查结果是：第3轮上线的潜在观众群体有1250万，其中66%还没有看过这部电影，这66%大部分是30岁以下、收入较低的年轻人。盖洛普因此建议，不仅要调整票价和广告的策略，还要设置适合这个群体观看的放映时间和放映地点。针对广告，盖洛普提出，因为这一轮的观众中年轻人和低收入者居多，广告的画面不要突出重大历史事件，而要突出人的情感。于是，这一轮的广告当中，删除了火烧亚特兰大等历史场景，取而代之的是男女主人公离别的画面。

对于可能重复观看这部电影的观众，盖洛普指出，其广告策略应该是强调“重复”行为背后的“理性”。一是邀请多次看过电影的社会名流现身说法；二是随同广告发布一些关于电影情节的诠释以及类似于“你知道吗”这样的剧情测试，以激起老观众发现这部电影的新亮点。

盖洛普提供的数据和推广策略让发行商连连点头，再次全盘接受。第 3 轮上线果然又取得了巨大的成功。1943 年 7 月，发行商准备推动《乱世佳人》的第 4 轮上线。这一次，大家都认为数据确实重要。但有人提出，盖洛普的调查太贵了，类似的调查可以自己搞。塞尔兹尼克坚决反对，他在给剧组的信中说道：

> 在电影首轮发布时，盖洛普预测的准确性简直到了惊人的地步。而且，他对第 3 轮上线的调查也同样细致彻底，他指出我们广告中的战略错误，并以同样的精度预测了结果，甚至告诉我们各个城市的票房和全国平均水平的差别……我个人也有评估一部电影是否成功的经验，但几十年的经验告诉我，业余爱好者对一部影片的评估以及电影公司附属机构做出的调查都有很大的局限性，无法和盖洛普这样的专业机构相比。

在他的反对下，发行商最后还是高价雇用了盖洛普。塞尔兹尼克关于市场调查“需要外部专家”的意见，也为后世好莱坞大部分电影制片人所接受。

最后，通过4轮上线，《乱世佳人》一共售出了5997万张电影票，票房毛收入为3400万美元，而1940年美国人口普查的人口数量仅为1亿3000万人。

如盖洛普所预测的，《乱世佳人》的成功是开创性的，它成了当时美国有史以来票房最高、最赚钱的电影。特别是盖洛普关于5650万个观众的预测，和最终结果5997万人相差才6%左右。这让人们啧啧称奇，佩服得五体投地。

凭借这种精度，盖洛普彻底把数据带进了美国的电影行业。1940年，盖洛普成立了观众调查研究所（ARI），专门为影视行业服务。除了好莱坞，迪士尼也成了他的重要客户。1940年之后，迪士尼每一部大片的开拍、每一个主要角色的设计，都要先经过盖洛普的市场调查和数据推演。毫不夸张地说，盖洛普的数

盖洛普

据影响了无数演员的演艺生涯和影片的命运。

这之后，越来越多的投资方都利用市场调查来决定是否投拍一部电影。到今天，这种数据驱动的决策方法，已经成了美国电影制片人的常规武器。

独门秘籍

盖洛普为《乱世佳人》开展的一系列调查可谓煞费苦心。这个过程也说明，一个成功的调查，除了抽样，问题的设计也很重要。

关于有多少人读过这本书，盖洛普分别问了3个问题。

你读过《乱世佳人》这本书吗？
是（ ） 否（ ）
你有计划阅读《乱世佳人》这本书吗？
是（ ） 否（ ）
你最喜欢的书是哪一本？
《　　　　》

之所以问 3 次，是因为第 1 个问题会引起数据失真。大众普遍存在自夸心理，问一个人有没有读过一本流行的书，容易得到夸大的结果。如果问“阅读计划”，结果会更真实。而第 3 个问题，属于开放性的提问，可以从另一个侧面来印证《乱世佳人》的流行程度。

关于电影是否会受欢迎，盖洛普也分别问了 3 个问题，他发现，即使同一个问题，如果给受访者提供的选项不同，调查结果也会不同。通过给不同的选项，可以更准确地把握观众意愿的强烈程度。

问卷大调查

关于电影是否会受到欢迎，盖洛普也分别问了3组问题。

如果电影上市，你会去看吗？

□肯定会
□可能会
□不好说
□可能不会
□不会

5个答案中有3个倾向否定。

如果电影上市，你会去看吗？

□肯定会
□可能会
□一半以上的可能
□一半的可能
□少于一半的可能
□可能不会

在了解到观众有较强的观看欲望之后，肯定倾向的选项增加为4个。

如果电影上市，你有多大可能去看这部电影？

(　　)

开放式提问。

关于电影的女主角人选：问了两次，通过不同的措辞，试图精确地把握人们的反对程度。

你对女主角的人选费雯·丽满意吗？

满意（ ）　不满意（ ）

如果费雯·丽饰演女主角，你看不看？

看（ ）　不看（ ）

费雯·丽之所以引起争议，是因为她是英国人。但注意，这里盖洛普没有问：“费雯·丽是英国人，如果她演这部电影，你看不看？”因为如果这样问，有诱导性，可能得出不客观的结论。这种诱导性的提问也是调查人员试图操纵调查结果时常使用的手段。例如，如果问卷调查民众是否支持建设核电站，又想得到否定的回答，可以这样问：苏联的切尔诺贝利核电站爆炸造成了几十万无辜人员死亡，你是否赞成我们修建核电站？

关于电影是否要彩色，一共问了两次，每次4个问题，第一个问题把不同的人群筛选出来，因为经常看电影的人和不经常看电影的人，其要求和期待不一样。

你最近一个月看过电影吗？
是（ ） 否（ ）
你喜欢彩色电影吗？
是（ ） 否（ ）
你为什么喜欢彩色电影？
（ ）
一部电影，在甲影院是彩色版，在乙影院是黑白版，你会选择哪个影院？
甲（ ） 乙（ ）

根据“看过”和“没有看过”把人分为两类，后继3个问题按类进行分析。

你上次看电影是什么时候？
（ ）
你喜欢彩色电影吗？
是（ ） 否（ ）
你为什么喜欢彩色电影？
（ ）
一部电影，在甲影院是彩色版，在乙影院是黑白版，你会选择哪个影院？
甲（ ） 乙（ ）

根据不同的回答，把人分为50个类别，在这个细分的基础上，再对后继3个问题按类进行分析，以期精确地了解各类人群的观点。

这些问题看起来有点儿啰唆又有点儿烧脑，但往往能直达人心的深处。调查一两个人也许有偏差，但调查成千上万人就会呈现出规律来，这正是预测行业的科学依据。

7 4年完成一个奇迹

自盖洛普起，数据统计和分析成了一个产业，但这还不是数据运用的极限。在盖洛普的同时代，还有一个更伟大的数据传奇。一个在美国默默无闻的小人物，却是日本人眼中的英雄。他成就了日本，日本也成就了他。

他，就是戴明（1900—1993）。

不停跨界的物理学博士

戴明是个神奇的人物。他的职业生涯可以说是一部让人眼花缭乱的跨界史，先物理、后统计、再管理，这个过程曲折起伏。

1925 年，戴明刚刚硕士毕业，他的第一个工作地点是西电公司下属的霍桑工厂。但这个时候，他又被耶鲁大学录取了。是否要去读博士，他犹豫不决，因为耶鲁大学的博士文凭不好拿，许多人进去了，却终身毕不了业，而西电又是一家著名的大公司。

这时候，他的一位领导告诉他，一旦从耶鲁大学毕业，西电公司肯定还会雇用他，而且一年的工资会涨到 5000 美元。戴明当时一年的工资是 1200 美元，5000 美元这个数字令他大吃一惊。这位领导还说，价值 5000 美元的人并不少见，西电之所以雇用他们，是希望有一天他们能够成为价值 50000 美元的人才，为公司创造更多的财富。

这段对话让戴明终身铭记。后来他在回忆录中写道：“我认识到，优秀的人才并不少见，公司最需要的，是能够不断学习、永远保持进步的人。”这段经历也成了他后来不断学习新知识、转换研究领域的动力。

两年之后，戴明获得了物理学博士学位，他选择了在固氮实验室研究氮气对农作物生长的作用。戴明的研究要用到数据和统计。作为统计专家，他参加了美国的第 14 次人口普查。后来，他还接受了美国国防部的邀请，研究如何提高武器生产的质量，这让他进入了质量控制的领域。当第二次世界大战结束的时候，戴明已经在这个领域小有名气。之后不久，他就辞去了政府的工作，成了一名独立咨询师。但没想到的是，刚丢掉了铁饭碗，他就坐上了冷板凳。

战后的美国，迎来了一个空前繁荣的时代。一方面，汽车、洗衣机、电冰箱、吸尘器、烤箱、割草机等大件家庭产品一一流入普通家庭，国内需求非常旺盛；另一方面，大多数工业国家都在战争中伤了元气，但美国的生产能力却完好无损，可谓内外逢源，订单应接不暇。钱实在太好挣了，因此质量问题导致的损失根本不被企业管理层放在眼里。

戴明的质量控制理论完全被淹没在这股大潮之下，他突然发现自己没有了用武之地。在失落之中，他逐渐认识到，除了时势

大变，质量控制理论在美国仅仅影响了一线的工程师，没有触及企业的高级管理人员也是个重要问题。要推广普及质量控制理论，他还要跨界，他必须用管理学家的声音去警醒企业的掌舵人。

恰恰在这个时候，一个东方小国正因为战争而百业凋敝、濒临崩溃。戴明的学说令他们如获至宝，他们以决绝的态度在工业管理中贯彻戴明的理论。这个国家，就是日本。

1947 年，在麦克阿瑟（1880—1964）将军的邀请下，戴明飞抵日本，帮助日本开展战后的第一次人口普查。戴明虽然不懂日语，但人口普查的任务给他提供了大量的在日本各地走访的机会。他发现，日本物质匮乏、粮食紧张，大部分人都填不饱肚子。

但整个日本却很镇静，到处干净整洁，这种强烈的对比给戴明留下了极为深刻的印象。他开始结交日本朋友，并于 1950 年 6 月应日本科学家与工程师联盟（JUSE，以下简称日工盟）的邀请，第二次抵达日本。

日工盟是一个科学家与工程师共同组成的社会团体。和大多数社会组织一样，成员聚在一起，无非就是清谈、吃饭，对于如何开展战后重建，日工盟并没有具体的方法和意见。戴明抓住了这个机会，向他们讲授运用统计来提高产品质量的方法。1950 年 6 月 16 日，戴明在东京大学举办了第一次讲座。虽然天气炎热，也没有空调，但座无虚席，就连过道里也站满了听众，有教授、工程师，也有政府官员和企业高管。一场讲座下来，戴明满头大汗，但其视线所及之处，听众都是专注的眼神和一脸推崇的表情。戴明后来回忆说，在日本，他见到了最好、最认真的学生。

注：戴明每次去日本都会在各地演讲，这是他 1965 年在日本大阪举办讲座的照片，现场 450 个座位全部坐满，还有 100 多人站在旁边。（图片来源：Cecelia S. Kilian, The World of W. Edwards Deming）

戴明在日本举办讲座的情景

吃顿饭就能解决问题

在日工盟的安排下，戴明在日本从南到北地巡讲。戴明没有忘记他在美国的教训，他知道，如果要改变日本，就必须从日本的最高管理层入手。他向日工盟的主席提出，他希望见到日本企业的最高管理层。

1950 年 7 月 13 日，戴明见到了 21 位日本的行业巨头，他和他们一起坐榻榻米、喝清酒、看表演。这 21 位行业巨头，管理着日本近 80% 的财富。在晚宴中，戴明直截了当地告诉他们："日本可以用高质量的产品换回粮食，这种做法并不少见，美国的芝加哥是这样，瑞士、英国也是这样！"他还说："我有一套

办法，如果按它去做，你们就可以生产出高质量的产品。我预计，不出 5 年，日本的产品就能进入世界市场。那个时候，日本的生活水平将得到极大改善，还能与全世界最繁荣的国家并驾齐驱！”

5 年？！

几乎每个人都露出匪夷所思的表情。当时日本的产品在国际上以“山寨、低劣”而闻名，不仅这 21 人，整个日本的工商界都认为，他们的产品要和欧美相提并论简直是天方夜谭。但戴明反复告诉他们，只要掌握方法，从上到下严格落实，日本的产品就能迅速洗刷过去糟糕的名声。

多年后，不少人问戴明，为什么他对日本这么有信心。戴明解释说，他亲眼看到了日本人对新知识的渴求、对工作的投入，管理层积极上进、恪守职责，而且以坚定的信心推广、普及他提出的质量控制理论。

这次晚宴成了日本工业界的转折时刻。

这年夏天开始，戴明向日本的大企业家频频宣讲如何进行质量管理。这些企业家回去之后，又层层召开会议，商讨如何落实。1950 年年底，

戴明奖奖章

日工盟把戴明的讲义编成书，配发给全国的企业和工厂。戴明随后把这本书的版税全部捐了出来，日工盟用这笔钱设立了“戴明奖”。从 1951 年开始，年年评选颁发这一奖项。

1960 年，日本一跃成为全球第二大经济体，全世界都目睹了日本的经济奇迹，也发现了戴明对日本经济崛起的决定性作用。但很多人问：戴明是一个远渡重洋的外国人，日本人为什么对他“言听计从”？除了因为战败的压力，日本是真心诚意地向美国学习，另一个重要的原因，是戴明的主张契合了日本文化注重细节的特点。

戴明认为，85% 以上的质量问题都是源于管理不当。生产过程中产生的质量偏差，原因可以分为两种：一是特殊原因，指源于某一特定人员、机器或者特定环境的影响，是局部的，容易消除；二是共同原因，是由于制度的缺失或整个系统的不精确造成的，要由管理人员采取行动，才可能减小和纠正。

要确定某次偏差产生的原因，就必须在生产过程中收集数据。例如，“50% 羊毛”的毛毯，是指在它的材料中，必须含有 50% 的羊毛，但每次生产出来的成品都会有偏差，即使在同一张毛毯上随机剪下 10 块，10 个检验结果可能没有 1 块的含量是恰好的“50%”。为什么会产生偏差呢？为什么有的偏差大、有的偏差小？一旦有了数据，管理人员就可以用图表来分析和展现。戴明认为，无论是企业的生产者还是管理者，都要学会制作图表，他尤为推行控制图和鱼骨图。

控制图为每个偏差划定了一个上限和下限，一旦波动超出了这个上下限，就说明可能发生了特殊原因，特殊原因应当立即消除。好的质量控制，要让偏差波动的范围越小越好，达到“稳定的一致性”。戴明认为，追不追求这种一致性，正是后来日本成功、美国失败的分水岭。

偏差控制图

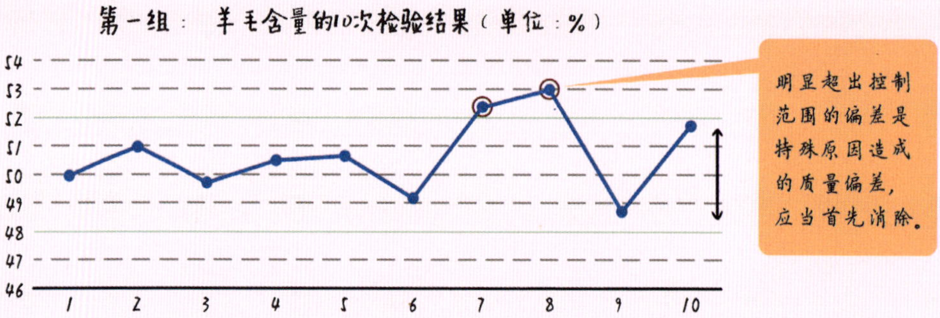

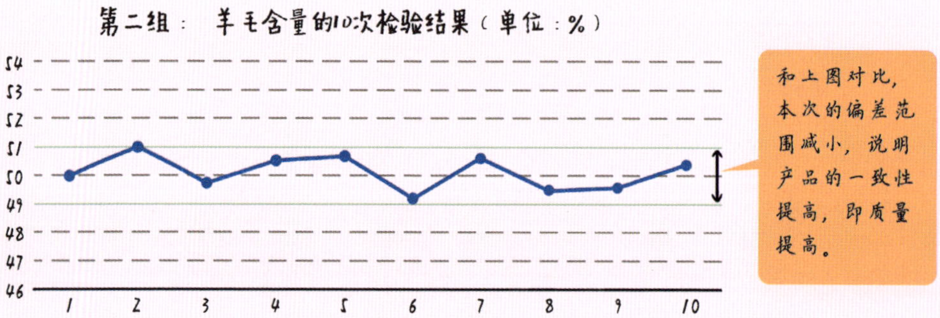

注：偏差不可能被完全消除。只要偏差的范围小于某一特定的值，如 2%，我们就可以认为是合格的。

发现了偏差，确定了偏差类型，接下来就对偏差的产生进行因果分析，分析的工具就是鱼骨图。

利用鱼骨图进行因果分析

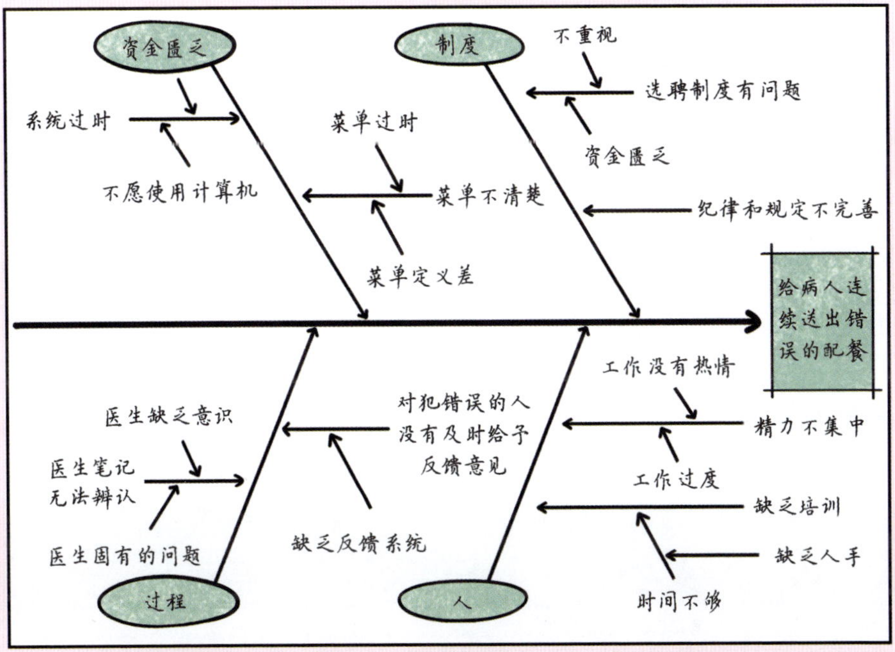

注．这种图因为全图像鱼的骨头，所以被称为鱼骨图。戴明主张鱼骨图应通过集体讨论，共同绘制。上图为某医院发生“给病人送错餐”的错误之后，进行的因果分析。

就像花朵一样，数据和图表开始在日本工厂和车间的各个角落“绽放”。很快，戴明的方法就初见成效，日本的产品开始在国际上崭露头角。

除了应用统计方法进行质量控制，戴明还将抽样技术和盖洛普发明的民众市场调查介绍到了日本。

例如，某钢铁公司使用的原始矿砂经船运抵码头。该公司必须首先检测矿砂的含铁量，然后给供应商付钱。当时公司是在船上随机挖几铲进行检验，这几铲都来自矿砂的最表层。戴明设计了一套新方法：当输送带把矿砂由船上卸下传送到仓库的时候，随机抽取样品进行检验。这样，整船的每一粒矿砂，都有可能被选为样本。新的抽样方法精度更高，促进了原材料质量的提升，各种进货渠道的成本也下降了 2%~10% 不等。

1950 年之后，日本的企业开始派出代表，走家串巷进行问卷调查，根据收集的数据打造市场最需要的产品。到 1954 年，日本的产品已经开始大举进攻国际市场。事实上，甩掉“山寨、低劣”的帽子，贴上“优质”的标签，日本只用了 4 年，比戴明当初预料的 5 年还快了 1 年。

1960 年，日本授予戴明二等珍宝勋章，这是外国人在日本能够获得的最高荣誉。1965 年，日本最大的汽车制造商丰田公司获得了戴明奖。这个时候，几乎所有的美国人都还没有听说过“丰田”。他们做梦也没想到，仅仅 10 年之后，丰田就击败了所有美国对手，摘取了世界汽车生产的质量第一、数量第一的双重桂冠。

日本行，为什么我们不行

丰田，是戴明质量控制理论最早、最大的受益者。到 1961 年，丰田公司已经建立了一套完整的全面质量控制体系。他们高度重视数据，在进入一个新市场的时候，丰田公司甚至会派出人员，去测量当地人的身高、腿长，以调整变速杆的高度和乘客腿部空间的大小。1980 年，丰田的总裁丰田章一郎又获得了戴明奖。他在接受采访时宣称：“我没有一天不在思考，戴明博士对于我们的意义——他是我们整个管理思想的核心。”

而这时候的戴明正在美国纽约大学教书。一回到美国，这位“教父”头顶的光环就消失了。在美国，他只是一位普通教授，没有人知道他在日本的影响力。除了教书上课，戴明也为企业做咨询，但顾客寥寥无几。直到 1979 年，戴明才在美国获得了一个造纸公司的大客户。这家公司的老板康韦先生经常去日本出差，在日本频频听到戴明这个名字，而且每次提到的时候，都能感受到周围肃然起敬的氛围。他有一次忍不住拨通了戴明的电话，把他请到公司座谈。虽然年事已高，但戴明一口气给公司的管理人员讲了 4 小时。在他起身如厕的时候，康韦向公司的管理团队宣布说：“我要聘他担任公司的质量管理顾问。”请一个 80 岁的老头儿来教我们提高产品质量？与会人员一阵错愕，但康韦力排众议，给戴明下了聘书。

这时候，国际汽车行业正在发生翻天覆地的变化。到 1981 年，日本已经主导了整个国际汽车市场，成了全球最大的汽车生产国和出口国。

美国的汽车巨头愁云惨淡，福特、克莱斯勒、通用连年亏损。更要命的是，除了汽车，还有电视机、摩托车、录音机、复印机等都在日本的产品面前败下阵来。在一次又一次的消费者调查中，美国的工商界都得出相同的答案：消费者青睐日本的产品，就是因为其质量过硬。

在这种情形下，美国社会开始全面反省为什么会在产品质量上输给日本。直到这个时候，还是没有多少人注意到戴明。直到

美国国家广播公司（NBC）的制片人梅森想就此问题拍摄一部纪录片。她知道，除了市场占有率、顾客满意率等干巴巴的数据之外，一部能引发大众关注和讨论的好片子，需要一个吸引人的故事。只有故事才能激起人们情感上的共鸣，但她迟迟没有找到令人满意的故事。直到有一天，她和华盛顿的一位教授闲聊中听说，就在这附近，住着一位叫戴明的老人，是他扭转了日本的工业。

梅森眼睛一亮，她第二天就找到戴明，在戴明寓所的地下室开始了她的采访。他们一连谈了几天。随着故事的展开，梅森惊呆了，她无法相信，一个如此杰出的人物却在美国默默无闻。全美国都在羡慕日本，经济学家不知所措，但改变日本的这个人却就住在美国，还不为人所知。

梅森反复追问，为什么会这样？为什么人们都不知道你？戴

明则强调说，他试过，但在美国，没有人听他的。这真是极具讽刺意味的答案。

梅森先是怀疑，她给美国驻日本大使馆打电话，确认戴明确实应麦克阿瑟将军的邀请去过日本，日本确实设有戴明奖，戴明确实获得过二等珍宝勋章，受过日本天皇的接见。她又给白宫打电话，先后联系了总统的好几位经济顾问，却无一人听说过戴明的名字。

“我的天！”梅森在心里一遍一遍惊呼，她知道自己已经找到了绝佳的新闻素材。她兴奋不已，又犹豫不决。因为她发现，当讲到数据，讲到通过数据发现新的思想、得出新结论的时候，这位 80 岁的老人最为兴奋，而这部分太专业了，梅森完全听不明白。

梅森之所以最后下定决心，

是她从戴明的口中，获知了那家造纸公司的消息。她立即飞赴造纸公司所在地，走访了戴明这个唯一的大客户。康韦先生兴奋地告诉梅森，他如何听说戴明，又如何慧眼识人，戴明的方法经过一年的实施，已大见成效，公司已节省了几百万美元。听到这里，梅森几乎屏住了呼吸，她确定自己发现的就是金矿。她迫不及待地回到了制片室，一连几天足不出户，完成了影片的剪辑。

这次采访被剪辑为一部一小时左右的纪录片，定名为《日本行，为什么我们不行》。在1980年6月24日晚上的黄金时段，全美播出。纪录片的最后15分钟，是主持人现场采访戴明。

主持人：日本人和美国人对质量的看法有什么不同？

戴　明：日本人用统计的方法来提高质量，就像他们从其他的文化中学习好的东西一样，他们不仅学习，而且真正吸收了这种方法，然后，他们用前所未有的优质产品回馈世界。

主持人：那这种统计方法在美国可行吗？我们美国能否取得同样的成功？

戴　明：当然可行，美国可以取得同样的成功。

主持人：那为什么美国没能做到？

戴　明：那是因为，美国人没有这样的决心，我们不知道该做什么，我们没有目标。

纪录片造成了全美轰动。这之后，各种关于戴明的新闻报道排山倒海般涌来。美国的媒体甚至派出记者深入日本，这些记者在丰田公司的总部发现，公司大堂的走廊上挂着三幅肖像，其中两幅小的，一幅是丰田的创始人，另一幅是现任董事局的主席，而中间最大的一幅则是戴明。

于是，戴明80岁这年在美国一夜成名，成了家喻户晓的人物。纪录片播出的第二天，戴明家里的电话就受到了“轰炸”，铃声

响个不停，各大公司纷纷打来电话，都希望能立刻见到戴明。

如果说，1950 年戴明和 21 位日本行业巨头的晚宴是日本企业的转折点，那么，30 年后的《日本行，为什么我们不行》这部纪录片的播出就是美国企业的转折点。美国的企业从此开始追求质量管理。1987 年，戴明获得了美国的国家技术奖章。同年，美国也设立了类似于日本的“戴明奖”的国家质量奖。

戴明于 1993 年逝世，他被誉为“质量管理之父”。

8 用数据抓贼

你看过《少数派报告》这部电影吗？

里面有很多让人脑洞大开的情节。电影讲述了2054年的华盛顿特区，谋杀已经消失了。未来是可以预知的，而罪犯在实施犯罪前就已受到了惩罚。司法部的专职精英们——预防犯罪小组负责破译所有犯罪的证据，地点和其他的细节由“预测人”预测。预测人是3位拥有超自然能力的人，在预测谋杀方面从未失过手。

听起来是不是比能借来东风的诸葛亮还厉害？当然，这是科幻电影，它很可能不会实现，但在现实生活中，我们确实可以找到预测犯罪的案例。

做一只有“预测能力”的猫

这是一个源于地下铁道的故事，发生在一名巡警、一名警察局长和一名市长身上的传奇。

纽约是全世界知名的大都市。但 20 世纪 70 年代的纽约，曾是一座充斥着犯罪和暴力的罪恶之都，人们大白天上街都得提心吊胆。这种情况一直持续了 20 多年。直到 1990 年，纽约市平均每天还有 6 个人死于非命，平均每小时还有 16 台汽车不翼而飞。

梅普尔在这座城市里长大，目睹了太多的混乱与罪恶，这让他有了一个理想：成为一名警察，守护这座城市。1970 年，他刚刚高中毕业就加入了纽约市交通警察局，成了一名地铁警察。这个时候，地铁堪称纽约市的恐怖中心，平均每周会发生250起案件。纽约地铁警察被认为是最危险的职业。

为了追踪抢劫案，梅普尔在时代广场做过便衣，在中央车站指挥过拦截，在地铁口组织过抓捕。但大部分情况下，狡猾的犯罪分子总是在他赶来之前溜之大吉，甚至会在犯罪现场留下嘲弄的口信：蠢货，走快点儿，快来抓我！对任何一名警察来说，这都是极大的羞辱。梅普尔很多次空手回到办公室，带着怒火把警帽狠狠地摔在办公桌上："为什么我们总是晚到？为什么不能把他们抓个正着！"

在十几年街头警察的经历当中，梅普尔慢慢悟到：案件发生

在哪里，警察就出现在哪里，那是让罪犯牵着鼻子跑。要控制局面，抓到老鼠，警察一方必须掌握主动，做一只有“预测能力”的猫。于是作为巡警队长的他一头扎进案件卷宗，没日没夜地分析。他把案件发生的时间、地点和涉及的人物提取出来，在办公室的墙上挂了几十幅地图，用不同颜色的大头针来标明案件发生的时间和地点，总结其中的原因和规律。他兴奋地发现，在某些特定的地段、某些特定的时间，抢劫案发生的频率明显要高。

无数个夜晚，他站在地图前，时而举头凝视，时而低头徘徊，揣度第二天可能发生案件的时间和地点。在苦思冥想之后，他用大头针在地图上按下了一个小点，确定了他的第一个伏击地点。

“队长，你确定这里现在会发生抢劫吗？”

梅普尔紧紧抿住嘴唇，盯着街角：“说实话，我也不能完全确认，但是……”

“啊！来人啊！”话音未落，一声尖叫从街角传来，警队成员一时愣住，齐刷刷地看向梅普尔。

梅普尔按捺住内心的激动，沉声下令：“行动！”

这一次成功给梅普尔带来了极大的信心。梅普尔后来晋升为警督（相当于派出所所长），他就采用这种方法来部署和调配他管辖片区的警力，并且不断地研究和总结。他的办公室挂满了地图，那面墙被同事戏称为“地图墙”，他却称之为“未来图表”（Charts of the Future）。

未来图表

1990年，交通警察局来了一位新的局长布雷特，他是一名退役军人。当他路过梅普尔办公室的时候，那面不同寻常的“地图墙”一下子吸引了他。布雷特花了几天的时间和梅普尔一起研究这些地图，最后他禁不住连连拍桌子，认为这个办法靠谱儿。

布雷特的执行力非常强，他雷厉风行，立即开始在全局推广梅普尔的“未来图表”。

第二年，纽约市的地铁抢劫案数量下降了27%。但纽约的整体社会治安并没有好转，除了地铁抢劫案，其他案件的发生率都还居高不下。地铁治安的一枝独秀，更令布雷特相信“未来图表”确实行之有效。

1993 年，纽约市的治安持续恶化。这一年，是纽约市的市长大选年，治安问题一下子成了竞选当中的白热化话题。这个挑战成了共和党候选人朱利安尼的政治机遇。

朱利安尼是纽约人，他出生于一个普通家庭。1968 年，他从法学院毕业之后，长期在司法部门工作，1983 年晋升为纽约市的联邦检察官。在担任检察官的 6 年期间，朱利安尼先后将 4000 多名犯罪分子送进了监狱。他也因此多次受到追杀和威胁，但他刚正不阿、不屈不挠，始终秉法办案，在纽约市获得了“铁面”的美誉。

作为市长候选人，“打击犯罪”成了朱利安尼的王牌。他在竞选演讲中说，他的朋友在餐馆等公共场合碰到他，都不敢和他打招呼，因为怕被人盯上，莫名其妙受到报复。他在街上也经常碰到一些刑满释放的人，那些人当面向他叫嚣：“你选不上！”朱利安尼呼吁，如果纽约人民真正想改善治安，就不能让他落选，因为他是改善治安最好的人选！他的演讲有情有理，他的“铁面”形象和诚恳的态度最终打动了纽约人。最后，朱利安尼以高票当选纽约市市长。

一上任，朱利安尼就立刻任命布雷特为纽约市警察局局长。

而布雷特到任的第二天，就任命梅普尔为第一副局长，并要求梅普尔立即组织开发一套电子版的“未来图表”。

于是，“CompStat”诞生了。

破案有了新“助手”

CompStat，是 Computer Statistics（计算机统计）的缩写，也是 1994 年纽约市警察部门启用的治安信息管理系统的简称。它以梅普尔的“未来图表”分析法为基础，在地图上对全市的公共安全案件进行统计分析。随着它的出现，纽约市的治安开始逐年好转。“CompStat”系统开始名扬全国，成为一个专有名词，特指一种警务管理模式，成了 20 世纪美国警务改革当中浓墨重彩的一笔。

1994 年，互联网还没有普及。CompStat 的工作人员每天通过电话和传真向全纽约 76 个警区收集数据，再将数据统一录入到计算机系统，进行加总和分析。

每逢星期二和星期四的早晨 7 点，布雷特就召集全部警区的

指挥官开会。最新发生的案件以圆点的形式出现在各个辖区的地图上，不同颜色代表着不同类型的犯罪，特定位置的成堆圆点则表明那里发生了一系列的案件。各个指挥官在这些“绩效指示灯”前面依次陈述自己辖区的情况、解释案件发生的原因，并汇报对策以及警力的调配。一个回合下来，不少指挥官一脸通红、满头大汗。一数胜千言，CompStat 的数据就像一盏一盏的灯，标明了一个辖区的治安管理效果。根据这些数据的变化，布雷特一共撤换了近三分之二管理不力的指挥官，其手段可谓“铁腕”。

次年，纽约的犯罪率应声而降，创下了50年最低。这个指标，使纽约跻身全美最安全的大城市行列。

布雷特非常推崇“破窗理论”，认为一个城市如果对小的违法行为纵容姑息，不良现象就会被放任、模仿，逐渐扩大、蔓延为成片的犯罪行为。所以，即使对一个窗户玻璃被砸破的投诉，CompStat 的工作人员也要认真记录，并纳入数据分析。也就是说，地图上的圆点不分案值大小、案情轻重，一律同等对待。

例如，露宿公园、街头的青年，常常是各种违法活动的参与者，布雷特要求，不能仅仅是打击、驱散，必须询根问源：他们从哪里来？面对什么困难？需要什么帮助？只有真正解决了这些问题，那些地图上代表犯罪的“圆点”才能最终被消除，而不是转移到另一个区域，在地图上“此”起“彼”伏。

再站一班岗

梅普尔后来辞去了公职，创办了一家咨询公司，致力于帮助全美各地的警局使用CompStat系统。2001年，他患上不治之症，留下遗言说，希望自己的灵车能在黄昏的时候，穿越时代广场和中央车站。梅普尔知道那正是下班的高峰时刻，交通非常繁忙，但他说就是希望在这个时间最后再去那里一次。多年来，他在那里巡逻，确保交通顺畅和治安安全。这一次，他开玩笑地说“要

让大家最后也等他一下”。他去世后，被媒体评价为“街头警察的伟大发明家”“真正的纽约英雄”“熠熠生辉的普通人”。

纽约的巨大成功很快引起了其他城市和美国联邦政府的注意。全美有近三分之一的治安管理部门陆续引进了 CompStat 系统的管理模式。

2006 年，美国警方把 20 多年的犯罪数据和交通事故的数据整合到一起，并映射到同一张地图上之后，研究人员惊奇地发现，交通事故的高发地带也正是犯罪活动的高发地带，甚至交通事故的高发时间段也是犯罪活动的高发时间段。

维护交通安全、打击犯罪活动，这两个职能本来分属于不同的部门。基于这个新发现，美国联邦政府成立了跨部门的工作组，在很多地方开展联合治理试点。试点取得了非常显著的成效，试点区域的犯罪活动明显下降，违规驾驶的交通罚单则明显增多。2008 年，试点的经验开始在全美推广。工作组认为，基层警队最需要的，是培养像梅普尔一样有数据头脑的警员，这是改革取得成功要面临的最大挑战。

大数据时代

BIG DATA

9 用什么来装“数据海”

硅谷的由来

在美国西海岸，和纽约这个美国东部金融中心遥遥相对的地方，是加利福尼亚州（简称加州）的旧金山，这里有一条沿着海湾延伸的狭长地带。

就是这么一块弹丸之地，却聚集了苹果、谷歌、亚马逊、脸书等大量的高科技巨头。这里是梦想家的天堂、全球公认的科技创新策源地，也是世界信息技术革命的中枢。

叫硅谷，自然跟硅有关。硅，可以从沙子当中大量提取。对，就是你在海边玩过的那种沙子，或者是沙漠当中的沙子。沙子不是稀罕物，可以说到处都是。随着人类科技的发展，人们发现沙子可以用作建筑的材料，还可以用于制造玻璃。但关于沙子最伟大的发现是在20世纪60年代，从沙子中提取出了一种物质——硅。硅元素的特点是稳定、耐高温，它是制作半导体的上佳材料。

是不是全世界任何一个地方都可以叫硅谷？因为沙子无处不在啊！要知道，硅是地壳中除了氧之外，含量排名第二的元素，约占地壳总质量的四分之一，可谓取之无穷、用之不竭。但硅谷之所以叫“硅谷”，是因为掌握了晶体管制造和集成的技术，把沙子变成了“金子”。

我们先来简单了解一下什么是半导体、什么是晶体管。半导体其实是指一种特殊的材料，它有个比较怪异的脾气，有时候导电，有时候不导电，导不导电完全可以由你来控制。用半导体这种材料可以做成晶体管，一个晶体管就像是一个开关，通电时开关打开，表示为“1”；不通电时开关闭合，表示为“0”。计算

机的二进制就是这么实现的。

晶体管是所有电子产品最小的组成单元。别看晶体管小，它可以说是我们这个时代非常重要的发明。计算机的核心，如 CPU（中央处理器）、存储器都含有大量的晶体管。一台笔记本电脑大概有 400 亿个晶体管，一部智能手机约有数十亿个晶体管。把大量的晶体管印制到一块手指甲大小的硅片上，就可以形成一个微电子电路，这就叫“芯片”，也叫集成电路。这项技术是 20 世纪 60 年代由仙童半导体公司（以下简称仙童公司）发明的，这家公司成立于 1957 年，这一年就被后人称为硅谷的诞生之年。

过去的计算机之所以很大，就是因为晶体管很多，而单个晶体管又很大，做出的计算机方头方脑的，很笨重。仙童公司发明集成电路技术之后，全世界就展开了一场晶体管的缩微竞赛。芯片越做越小，越做越便宜，计算机也越来越小巧。仙童公司也如天女散花一般开枝散叶，孵化出数以百计的半导体公司。20 世纪 60 年代末，在美国举行的一次半导体产业头面人物会议上，参加会议的 400 人中竟有 376 人曾经在仙童公司工作过。

惊人的摩尔定律

仙童公司有一名员工叫摩尔。1968 年，摩尔和几个好朋友自立门户，创办了后来举世闻名的 Intel（英特尔）公司。Intel 公司在 1971 年利用集成电路的技术发明了微处理器。很多个晶体管可以组成一块芯片，很多块不同功能的芯片又可以组成一个微处理器。从晶体管到芯片再到微处理器是一个越来越大的组合，这个过程就像搭乐高积木一样。

戈登·摩尔
（图片来源：The Henry Ford）

Intel 公司把组成计算机的“心脏”——CPU 的很多块芯片封装起来，做成一块橡皮那么大的模块，成功地解决了电子元器件笨重、散乱的问题，让计算机有了一个模式化的小“心脏”。只要是电子产品，都会有一个微处理器。很快，Intel 公司生产的这种微处理器在电子行业普及开来，卖到了全世界。

摩尔曾获得加州大学伯克利分校的化学学士学位，在加州理工大学获得物理化学博士学位，他小时候性格非常内向，以至于被大人认为有语言障碍。因为这个原因，上一年级的时候他还差点儿留级。但摩尔早早就发现化学是他的“真爱”，并且一直沉迷在他的化学实验里。摩尔从小学起，就在家中搭建实验室，日复一日地做实验。他曾经在家里做过爆炸的实验，还把爆炸配方做成“圣诞节礼包”送给邻居。他说：“直到我把化学试剂弄到爆炸，邻居们才知道我原来只是看起来很安静。”他的妻子后来回忆说，摩尔对化学研究非常痴迷，结婚当天还在实验室做研究。

在仙童公司工作期间，摩尔密切关注集成电路的发展。经过长期跟踪观察，1965 年，摩尔提出了一个惊人的预见。他认为，同一面积芯片上可容纳的晶体管数量，每一到两年将增加一倍，这种趋势一时半会儿不会停止。也就是说，单位面积上的晶体管数量将倍增、倍增再倍增。这就是著名的摩尔定律。

1971年到2011年微处理器晶体管数量及摩尔定律示意图

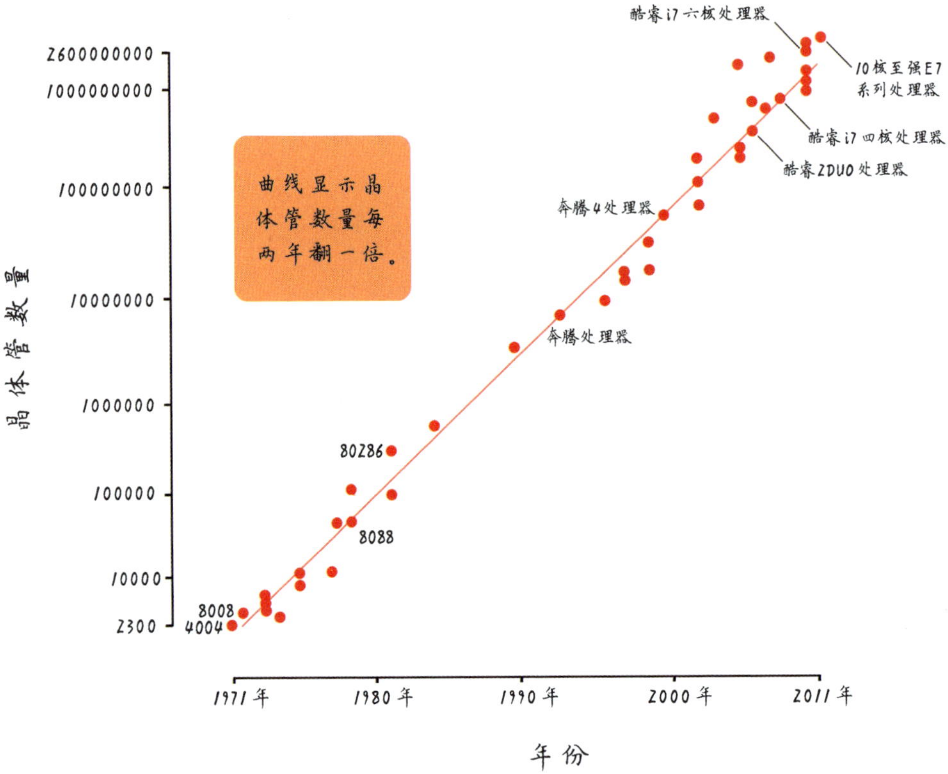

注：纵坐标为晶体管数量，横坐标为年份。该曲线表明，从1971年到2011年，大概每两年，相同面积的集成电路上的晶体管就增加一倍。需要注意的是，纵坐标从2300到10000再到100000，其实不成比例，如果严格按比例作图，这将是一条非常陡峭的曲线，单个页面无法容纳。（资料来源：维基百科）

晶体管和大米哪个多？

晶体管可以说是人类历史上最高产的行业。现在一年生产的晶体管数量比全球一年消耗的大米颗粒数还要多。2002 年，人类生产的晶体管数量大概是大米的 40 倍，买 1 粒大米的钱可以买 100 个晶体管；2009 年，晶体管的产量上升到大米的 250 倍，买 1 粒大米的钱可以买 10 万个晶体管；2016 年，制造出的晶体管已经超过人均 1000 亿个。

你可能读过这样一个故事，一名棋手和国王比赛下棋，国王问他赢了想要什么，他说：“只要在棋盘的第一格放 1 粒米，第二格放 2 粒，第三格放 4 粒，依此类推，每一格都是前一格的两倍，直到放满所有棋盘格。”

国王哈哈大笑，他觉得这个棋手是个傻子，这也太容易满足了，于是欣然答应。没想到的是，当他一输棋，不算不知道，一算吓一跳。大米越放越多，要按约定放满棋盘格，整个国家的大米都不够。

这个坑不是一般的大，看来，计算才能赋予你超越直觉的力量。这句话一定要时刻牢记，要不然哪天掉进坑里都不知道。

可见，倍增效应是惊人的，它超出了常人的想象。摩尔定律的真正含义是，由于单位面积芯片上晶体管的密度倍增了，计算机硬件的处理速度、存储能力等主要性能，一到两年就会提升一倍，计算机将不断变小，但性能却不断增强。这可是件好事。而与此同时，一个意外的现象也随之出现了：本来性能提升了，价格该更高才对，但半个多世纪以来，硬件的性能不断提高，价格却持续下降。今天回头看，不难发现其中的原因，因为晶体管越做越小，需求越来越大，技术进步带动的大规模生产使价格不断下降。

回看这半个多世纪的发展史，硬件技术的发展基本符合摩尔定律。以物理存储器为例，一方面，性能倍增；另一方面，价格断崖式下跌。1955 年，IBM（国际商业机器公司）推出了第一款商用存储器，1MB 容量的存储器需要6000多美元，到 2010 年，1MB 容量的存储器价格约为 0.005 美分。半个多世纪以来，存储器的价格下降了一亿多倍，这种

速度变化之剧烈，令人瞠目结舌。事实上，考察人类的历史，没有其他任何一种产品，价格下降空间如此巨大！

要理解存储器的变化，就必须了解存储器的存储单位。近年来，由于人类产生的数据量不断增多，科学家造出了一些新的名词，用来代表新的存储单位。

数据的存储单位

单位	英语标识	大小	含义和举例
比特	bit	1或0	计算机用二进制存储和处理数据，一位是指一个二进制数位：0或1，这是存储信息的逻辑单元
字节	Byte	8比特	这是计算机存储信息的基本物理单位，存储一个英文字母在计算机上，其大小就是1字节
千字节	KB	1024字节或2^{10}字节	一页纸上的文字大概是5千字节
兆字节	MB	1024千字节或2^{20}字节	一首普通的流行歌曲大概是4兆字节
吉字节	GB	1024兆字节或2^{30}字节	一部普通的电影大概是1吉字节
太字节	TB	1024吉字节或2^{40}字节	美国国会图书馆迄今所有登记的印刷版书本的信息量为15太字节
拍字节	PB	1024太字节或2^{50}字节	谷歌每小时处理的数据为1拍字节
艾字节	EB	1024拍字节或2^{60}字节	相当于14亿人人手一本500页的书加起来的信息量
泽字节	ZB	1024艾字节或2^{70}字节	截止到2010年，人类拥有的信息总量大概是1.2泽字节
尧字节	YB	1024泽字节或2^{80}字节	超出想象、难以描述……

一杯咖啡 = 一座图书馆?

如今，头发尖大小的地方就能放上万个晶体管。而晶体管不可能无限缩小，摩尔定律再神奇也不一定无限发展下去吧。于是，怀疑论开始出现了。2015 年 4 月 19 日，是摩尔定律提出的 50 周年。在这前后，产业界围绕以下问题展开了激烈争论：摩尔定律所揭示的现象还会不会持续？单位面积上的晶体管还能不能继续增加甚至翻倍？如果能，又能持续多久？

作为摩尔定律的提出者，2003 年，摩尔就曾被问到这个问题。他认为："创新无止境，下一个 10 年摩尔定律可能还将有效。"

事实证明，摩尔又对了。2011 年，Intel 公司宣布发明了 22 纳米的 3D 晶体管。2014 年，Intel 公司宣布投产 14 纳米的晶体管。2019 年 1 月，Intel 公司又向外界展示了首批 10 纳米的晶体管。大部分科学家相信，晶体管的微缩趋势还将持续，摩尔定律的生命周期还未终结。

一所普通大学的图书馆，其印刷品馆藏数据可能也就 1TB~2TB。也就是说，在不久的将来，只需要花上一杯咖啡的钱，买上一个 1TB 大小的硬盘，就可以把一座图书馆的数据都带走。信息保存的过程如此方便、成本如此低廉，这是以前难以想象的。

“旧时王谢堂前燕，飞入寻常百姓家”，曾经昂贵的硬件渐渐成了大众消费品。原本高端的产品，如激光打印机、服务器、智能手机，也纷纷进入普通家庭。特别是存储器，从 20 世纪 90 年代起，全世界的物理存储器每 9 个月数量就增加一倍。这代表了人类社会数据存储能力、存储数量的增长。摩尔定律如今已经被用于描述一切呈指数级增长的事物。

没有高速公路，汽车是跑不快的；有了高速公路，收费太高，汽车也不愿意去跑。正是因为存储器的价格在半个世纪之内的“跌跌”不休，人类才能以非常低廉的成本保存海量的数据，这为大数据时代的到来准备好了物质基础；否则，大数据就会成为水中月、镜中花，无法普及。

10 和计算机对话的“小鼠”

“计算机”还是“记算机”

第一台计算机是1946年发明的。1948年，IBM生产了第一台大型计算机。这绝对是个大个子，体积可以占满一个大厅的三面墙，每秒能进行上千次运算。这个能力一度让IBM的创始人沃森（1874—1956）相当自豪，有种前无古人、后无来者的得意。当时，他有一句话流传得很广，“未来的

美国只需要 5 台计算机”。也就是说，计算机这个东西太强大了，全美只要 5 台就足够处理所有的运算了。

如今，几乎每家每户都有至少一台计算机，不仅数量多，而且我们随便买一台几百元的旧计算机，也要比沃森的那台笨重的计算机强大很多。沃森的话听起来好像错得离谱儿。

但我要告诉你的是，沃森其实没错，只是今天计算机的功能已经发生了改变。我们之所以叫它“计算机”，是因为一开始，我们觉得这个新东西的主要功能就是“计算”！事实上，IBM 的第一台大型计算机就是用于登月计算的，而当时全世界又有几个这么大的计算项目？

如今的我们，天天在用计算机做什么呢？

不妨低头看看自己的手机。每一部手机都是一台性能优异的计算机。现在的人们一机在手，眼里别无他物，有时候忘记带手机，就浑身不自在，老惦记着微信或者 QQ 的新消息，比如朋友们又去哪儿玩了没带上自己，生怕错过什么重要的信息。

信息是什么？信息是对外界情况的记录。拍照是记录；发朋友圈是记录；用支付宝买东西还是记录，记录一笔笔消费。其实，手机对于大众的真正作用更像是一个电子记录本，记录下我们生活的方方面面。你发现了没有，是“记”，记录的记，不是计算的“计”。千万别小看这一字之差，我们拿出 10 次手机，可能有 9 次是用于记录，只有 1 次是用于计算。

这么说来，我们日常使用的计算机，刚发明出来的时候虽是为了“计算”，但今天更多时候是用于“记录”，那其实应该叫“记算机”，而不是“计算机”了。

计算，意味着处理数据；而记录，则意味着收集数据。

全球记录之网

如果说计算机是一个神经元在记，那互联网就是全球记录之网。

互联网发明之初，人们对它最兴奋的认识是“连接”。我们最关心的互联网指标，就是连接了多少网站、多少网民。

到了今天，几乎所有人都进入连接之中，我们已经实现了全天候、跨平台、跨设备、跨应用的超级连接。连接的历史使命已经完成。此时，我们也该用一个新的视角来认识互联网了。

历史上有很多发明的本质都是帮助人类实现连接，例如铁路、电报、电话都是被用于帮助人类实现连接的。其中，电话铺设到了千家万户，它和互联网的形态非常接近。那么一个疑问就出现了，为什么电话对人类文明的改变不如互联网那样深刻、广泛呢？

最简单的答案是：因为电话只能连接，无法记录！

举个例子。20 世纪 60 年代，美国航空业刚刚兴起，坐飞机的旅客越来越多，但服务实在太糟糕了，想提前买张机票都是个难题，如果买了票又要退票或者改签，就更难了。当时的订票方法就是打电话，但问题是，接电话的销售员并不清楚其他售票点的售票情况和余票数量，所以根本确定不了是否有票，只能等到下班，等所有的销售员互通情况后，再通过人工统计来分配当天的电话订单和旅客的座位。等确认买到了票，已经过去一两天了，当然，要是没买到票，紧急的事情就被耽误了。所以，人工售票时代适合的是慢性子旅客。

1964 年，IBM 通过计算机的记录体系解决了这个问题。IBM 为航空公司打造了一个“半自动商业体系”，这是一个由中央数据库、成百上千的终端和工作人员组成的网络系统。在这个系统里，电话销售员每天可以处理 8 万个电话。通过数据库查询，每个销售员几秒之内就能确认一次航班的余票情况并立即给旅客分配一个座位号。你性子再急也不怕，因为你迅速就能知道自己是否买上机票了。

因为这个半自动的商业体系，美国的整个航空业发生了巨大的变化。当然，这个系统跟今天用的云计算是无法相提并论了。

现在回到问题上来，电话虽然产生了连接行为——表达订票的诉求，但无法有效记录。分配座位和改签必须建立在有效的记录之上。如果记录不能即时看到全貌，只能耗费巨大的人力和物力来核对，而这个问题用计算机来解决，就实在太轻松了。

记录，是一件很普通的事，在文字出现以前，人类就在记录，而文字的本质也是记录。我们在前面说过，传说中的“仓颉造字”，就是受到了野兽在地上行走时留下的脚印的启发。文字是最早、最系统的记录工具。今天，文字也是数据，但仅仅是数据中的一种。如果我们把文字比作金子，那么数据就好比金属，金属谱系广泛，数据也不例外，如照片、音频、视频、PPT、表格等都是数据，它们的作用都是记录。

现代的互联网之所以伟大，就是它把记录这件古老的事做到了极致。不信，我们再换一个场景，来认识互联网强大的记录能力。

当你逛百货商场时，常常会东张西望，这排货架上看看，那排货架旁走走，还会在某些商品前停留，拿起来看看又放下。这些行为表达了你的购买意愿，但商场的售货员却没办法记录你的这些行为。你昨天去了一个柜台，今天再去，可能售货员也不会认得你。

但是，在网上浏览就完全不同了。你的搜索、你的点击、你的滑屏，就相当于你在超市里的走走看看、东张西望、拿起东西又放下，互联网把你的这些行为一一记录了下来，一个也不漏！无论你是谁，只要你第二次来到一个购物平台，因为上一次的记录，网络就认识你。随着你浏览、消费记录的增多，这些数据可以完整地勾勒出你的特征，即通过数据给你画像，掌握你的行为模式和需求、偏好，从而对你进行分析和预测，向你推送商品广告。最早的大数据应用就是这样产生的。

2014年1月，电商巨头亚马逊宣布了一项新专利："预判发货"（Anticipatory Shipping）。也就是在网购时，顾客还没有下单，亚马逊就将包裹寄出了。这种做法听起来有些不可思议，亚马逊这是要“逆天”吗？万一要是顾客临时起意不买了，或者因为一些事情耽搁了，亚马逊岂不是要做赔本生意？

亚马逊当然不会做赔本生意。预判发货是通过预测，把发货这个过程交给算法，让算法自动发货！为了降低预判发货的风险，亚马逊还有一些配套技巧。例如，模糊填写用户的收货地址，只将商品配送到离他最近的仓库，如果在配送过程中收到订单，再将地址信息补充完整。

你买的东西透露了你的消费习惯，你打车的历史忠实地记录了你的出行轨迹，你浏览的网页可能透露了你的秘密……渐渐地，你在互联网上的形象从寥寥几笔的速写变成素描，最后成了一幅逼真的油画。随着大数据的累积，互联网可能比你的父母更了解你。

因为记录，过去可以被分析，未来可以被预测。互联网强大的记录能力，使整个社会自下而上的管理结构大大压缩，也为我们的个人生活带来极大便利。个人的自主权和活力会增长到一个我们想象不到的程度，这就是新的文明。

是记录促使文明的产生、变异、跃迁，要理解这一点，还可以看看语言和文字的区别。人类通过语言，可以沟通想法，传达信息，这就相当于意识的连接。人类有语言的历史可能有几万甚至几十万年，但人类的文明却是在文字出现之后才开始加速发展的。而人类社会出现文字不过是几千年的事儿。

我们总结一下，不管是“计算机”还是“互联网”，它们命名的根据都是基于人们最早的认识：计算和连接。这就好像马路这个词，起因是因为马，可今天的马路上跑的早已经不是马，我们却仍沿用了这个词。“计算机”和“互联网”也是如此，它们对于人类的作用和意义，早已超越了当初的名字所涵盖的范畴。准确地说，计算机要叫“记算机”，互联网要叫“数据网”才好。

回头看，互联网已经跨越、超越了连接的历史使命，这就需要我们重新认识互联网。今天的互联网，是整个社会沉淀数据的基础设施，也是帮助我们进行全面记录的社会机器。这就是互联网2.0时代应该有的观点。这是一个瑰丽的、充满无限可能的世界，值得青少年朋友好好探究。

世界因此而不同

为什么互联网能够记录并保存如此海量、细致，结构又各不相同的数据呢？要明白这个问题，必须从鼠标的发明讲起。

计算机被发明之后的 30 多年里，是没有鼠标的。人类和计算机的交互一直是通过键盘输入代码来完成的。你得一个字母一个字母地往里敲，一个字母敲错，计算机就无法理解指令了，操作非常不方便。

能不能设计一个更方便的操作方式呢？最早，人们联想到了汽车，想给计算机设计一个类似方向盘的操纵台，让人们可以像开车一样，用眼睛和四肢控制计算机。

还真有人去尝试了。这个人就是恩格尔巴特（1925—2013），他当时在斯坦福国际研究院工作。他按照汽车的思路设计了一套设备，让人坐在计算机前，戴上一个头盔似的设备，人可以通过摆头的动作控制光标。恩格尔巴特还尝试过通过膝盖和脚踝的转动控制光标，但这些设备都不够灵活、不好用。

汽车操纵台的思路不成功，恩格尔巴特并未气馁。他不断尝试，又设计出了一款控制器。这是一个带滚轮的小盒子，可以像玩具车一样滑过桌面，这款特殊的光标控制器可以把光标移到屏幕的任何地方，因此恩格尔巴特命名它为“X-Y屏幕方位指示器”。它的基础功能是记录光标在屏幕上的位置。它把屏幕当作一个坐标系，可以读出光标停留位置的横坐标（x）和纵坐标（y）。

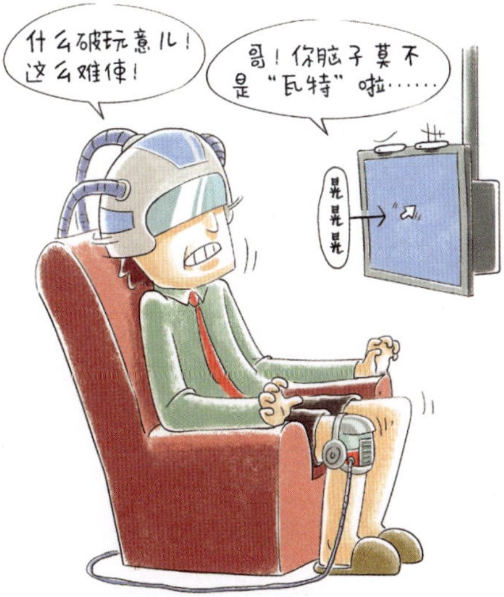

他带着这款“X-Y 屏幕方位指示器”参加了 1968 年 12 月在旧金山举行的秋季联合计算机大会，他的演示引起了专业人士的关注。后来，人们给这种带着电线尾巴的设备取了个绰号——“鼠标”。因为又生动又形象，这个名称沿用至今。

发明家的奇思妙想

恩格尔巴特是一个执着的发明家，他从小就有很多新奇的想法。他还特别果断，想到就做，他造过热气球、组装过汽车。13岁时，恩格尔巴特在别人的谷仓里发现一辆被废弃多年的旧汽车，很多零件都不在了，他用自己的零花钱把它买了下来，用了几年的时间，让这辆车又跑了起来。

恩格尔巴特还充满了奇思妙想。他比较内向，不喜欢交际。大部分年轻人都喜欢去酒吧，聚在一起聊天。恩格尔巴特对此没兴趣，这让他显得很不合群。还记得开普勒用公式选择妻子的故事吗？恩格尔巴特当时也冒出一个奇怪的想法，就是想知道一个人在社交领域到底受到多大程度的关注。为此，他研究出了一个数学公式进行测算，并用它去检测身边的朋友。最后他发现，其实别人并没有你想象中那么关注你，而我们自己却常常过度关注别人对自己的看法。过度到什么程度呢？恩格尔巴特的计算结果是“1 倍”！所以恩格尔巴特认为，不要因为别人的看法而改变自己，专注于自己的兴趣和爱好就好。

恩格尔巴特一生有几十项和计算机相关的发明，其中最重要的就是鼠标。

最早的鼠标和它的发明者恩格尔巴特（图片来源：斯坦福国际研究院）

注：直到1981年，第一个商业化鼠标才诞生。从发明到应用，鼠标经历了十几年的等待和改进。1983年，苹果、微软纷纷推出自己的鼠标，鼠标成了计算机的标准配置。

通过鼠标，人们几乎可以完成和计算机的一切交流。同时，互联网可以把访问者的各种行为都转化成数据。只要用户登录互联网，互联网就开始记录。记录的数据一般包括：

网页地址（URL）

点击时间（Hit Time）

页面停留时间（Time on Page）

页面区域唯一标识符（Session ID）

位于会话状态的第几步（Session Step）

访问来源（Referrers）

从何处进入页面（Entrance）

离开页面去何处（Exit）

开始时间（Begin Time）

结束时间（End Time）

访问时长（Time on Site）

访问页面数（Depth of Visit）

用户个人信息（Cookie）

这些浏览的数据，通过记录鼠标的点击流，像矿产一样沉淀在互联网上，互联网企业由此掌握了使用者在网上的一举一动。通过鼠标，互联网把记录的细致程度推向了一个前所未有的高度。这是划时代的变化，它完全改变了人类收集数据的空间和范围。

之所以讲这些故事，是想告诉大家大数据的由来。它不是第一天就什么都齐全的，而是通过一代代人的努力才变成今天这个样子。希望大家保持热情，更希望我们能从历史中找到自己认同并追寻的东西。

11 大数据需要大计算

数据大爆炸

鼠标的出现让笨拙的计算机灵活起来。除了便宜、功能强大，各种计算设备也变得越来越小。这个现象在 1988 年被美国科学家马克·韦泽概括为“普适计算”。他的意思是，计算机将会离开书桌，进入我们身边的各个空间和位置，和环境融为一体。

我们前面已经讨论过，与其叫“计算”，不如叫“记录”，所以更合适的说法是：普适记录。

如今，小小的智能手机，其功能已经毫不逊色于一台计算机。各种传感器也越做越小，并深入生活的方方面面。无处不在的微小计算设备，正在实现无处不在的数据自动采集。传感器的出现及其技术的成熟，使人类开始有能力大规模记录物理世界的状态，这种进步推动了大数据时代的到来。

2013 年，德国霍芬海姆足球俱乐部把传感器装到了足球和每个球员的护膝或衣服上。这些传感器可以实时记录球员的活动轨迹、奔跑速度、加速过程、控球时间。一场比赛打下来，系统可以收集 6000 万条数据，球员、教练都可以对这些数据做分析，并借此提高训练质量、制定最佳训练组合、减小球员受伤的概率。从此，这种技术在体育界全面开花。可穿戴式传感器在各行各业也得到了广泛应用。

但真正给大数据时代一锤定音的，却是社交媒体。

过去 50 年，《纽约时报》总共产生了 30 亿个单词的信息量，现在仅仅一天，Twitter（推特）上就能产生 80 亿个单词。微信则更厉害，平均每天有 450 亿次的信息发送。也就是说，如今一天产生的数据总量比《纽约时报》100 多年产生的数据总量还多得多。

社交媒体给全世界的网民提供了一个平台，让网民随时随地都可以记录自己的行为、想法，这种记录其实就是在贡献数据。人人都是“记者”，全民皆有麦克风，全世界的网民都开始成为数据的生产者。一个网民就是一个传感器，通过不断制造数据，把个人感受和行为传到网络上，形成了人类历史上迄今为止最庞大的数据爆炸。人类的记录范围在不断扩大。过去，是我们选择记录什么；今天，是我们选择不记录什么。可以肯定，人类的数据总量还将滚雪球式地增加。

你用手机时，数据在产生，通信、拍摄、社交、新闻、导航、娱乐、支付都会产生个人行为记录；你不用手机时，数据照样在产生，比如实时的位置信息。手机的功能越强，就意味着它所记录的行为越广；一个人使用手机越频繁，就意味着他在云端产生的个人数据越多。

除了数据量的增加，社交媒体还使人类的数据世界变得更为复杂。在大家发的微博中，你的带图片，他的带视频，大小、结构完全不一样。因为没有严谨的结构，这部分数据被称为非结构化数据。对这部分数据的处理，远比对存储在数据库当中的那些有统一结构和格式的结构化数据进行处理困难得多。

当今这个时代，人类生产数据的速度已经超出了处理数据的速度，这是一个新矛盾。

用“云”来解决问题

大数据，需要有配套的大计算才行，否则只能干瞪眼。

举一个很简单的例子，在使用打车软件时，如果走到哪儿系统来不及反应，最后需要付多少钱也来不及处理，用手机支付不能及时到账，那谁还用打车软件？又怎么可能会有今天这么发达的互联网应用呢？

2018 年，台风“山竹”来袭，工作人员需要对台风快速成像并传输给中国气象局。正常情况下，这些数据的处理和分析，计算量惊人，需要好几小时。但时间不等人，生命不等人，1 小时之后，台风可能就会登陆，造成巨大的破坏，你再拿出 1 小时之前的分析和预报已经没有意义了。

又例如，一个国家有几百个城市，每一个城市都可能有成百上千家酒店。每天，全国有数亿人次的人口在流动，公共安全部门经常需要对几千亿条人员的关系、出行、住宿等数据进行分析和查询，以确认各种人际关系。这种查询必须在秒级之内完成，在遇到案件时才能为它的侦破发挥作用。

面对这个挑战，最本能的思路就是设计一台超级计算机，有极大的内存、极快的中央处理器，让这台机器为我们工作。

试想一下，一个将军领兵打仗，假设他有一名战士是无敌的，只要把这个人送到战场上就没问题了。在云计算出现之前，人们的思路就是把一台计算机打造成“无敌战士”。这个战士不行，换个强壮一点儿的再来。但人们很快发现，一台计算机再强、再快，也是有限度的，“无敌战士”不存在啊。

1963年，斯坦福大学的约翰·麦卡锡教授（1927—2011）说：“就像公用电话网一样，计算的能力有一天会被组织起来，成为一种公共资源和公共事业。这种公共资源和公共事业，会成为一个新的、重要的产业。”

于是，新的思路来了，那就把成千上万台计算机组织起来，让它们像一支部队一样分工协作，满足我们的计算需求好了。

不难想象，1台计算机需要10天才能处理完的数据，10台计算机一起算，1天就能完成；如果有1万台计算机同时计算，不到一分半钟就能完成；如果有10万台计算机，不到10秒（事实上可能高于10秒，任务分解和汇总也需要时间）就能完成。

云计算实际上就是把一台台计算机组合起来，像一个班、一个连、一个师、一个军一样来协同战斗。

由于摩尔定律的作用，计算机已经成为大众消费品，很便宜。对一个公司来说，买 1 万台计算机并不难，那真正难的是什么？就跟部队一样，你要招 1 万个士兵不是问题，但组织得好是精锐之师，组织得不好就是乌合之众。云计算的难点，就是要把几万台、几十万台，甚至上百万台计算机放在一个数据中心，当成一台计算机使用。

作为一名将军，你把一个复杂的战役任务分派下去，不会派到每个士兵那儿，只要派到军长、师长那一级就行，这样一级一级往下派，最后整支部队的每个士兵都会有任务。你干什么，他干什么，都很清楚，各自把自己的任务干完就好了。

也就是说，云计算需要一个机制。这是一个分工、协同的机制，它把成千上万台计算机组织起来，像一台计算机一样工作，这种机制就是云的操作系统。云操作系统是一个软件，是看不见的，是一个极其复杂的分工体系。

数据中心满是机柜和服务器，它不需要显示器

我们上面介绍的思路和做法，准确地说，叫分布式计算。就是把一个非常大的计算任务，自动分解到成千上万台单个计算能力并不是很强的计算机上，最后再把各个计算机得到的结果合并起来，得到最终结果。

用分布式计算对台风预报的卫星云图进行分析，可以从几小时减少到几分钟的时间；在几千亿条人员出行数据当中确定同行关系，也可以在几秒内完成。有了分布式计算，单个计算机的性能不再是唯一追求，全球那么多计算机，用好1%就相当了不得了。

那“云计算”服务又是什么？

相对于分布式计算，“云”是一个更高级、更抽象、更商业化的概念。具体地说，把分布式计算平台建立起来，面向全社会提供开放的计算服务，这个服务就可以叫“云计算”服务（简称云服务）。

把自己专用的分布式计算平台开放出来，向社会提供商业服务，正是许多云服务公司的成长发展路线。例如谷歌，为了处理全世界每分钟上亿个搜索计算的请求，搭建了自己的分布式计算平台，供自己使用。2013年，谷歌又把这个平台变成了一个通用计算平台，开放给全社会使用，这就是云服务。

云服务的意义，不仅仅是可以算得又快又好，通过云，“计算”从有形的产品变成了无形的服务。客户购买这种服务之后，不再需要买额外的软件和硬件，客户甚至只需要有一个显示器，再连上云端，就可以得到全部的计算结果。这意味着不用投入大量的资金了。这是继互联网之后，信息技术领域一个重要的创新和变革。

回顾这半个多世纪的信息社会历史：晶体管越做越小、成本越来越低，这给大数据时代的到来铸好了物理基础，可以承载海量的数据，这相当于铸造炉；鼠标的发明、互联网的普及，让用户的一举一动自动保存在互联网上，这是数据从无到有的过程；社交媒体的出现，则把全世界每个人都变成了潜在的数据生产者，不断贡献数据，这相当于优秀的铸剑师有了上好的材料；分布式计算的发明，就像是掌握了提炼的技术。有了铸造炉，有了上好的材料，还有了技术，心灵手巧的铸剑师最终炼制出了一把绝世好剑。

从此，我们正式进入一个大数据的大计算时代！

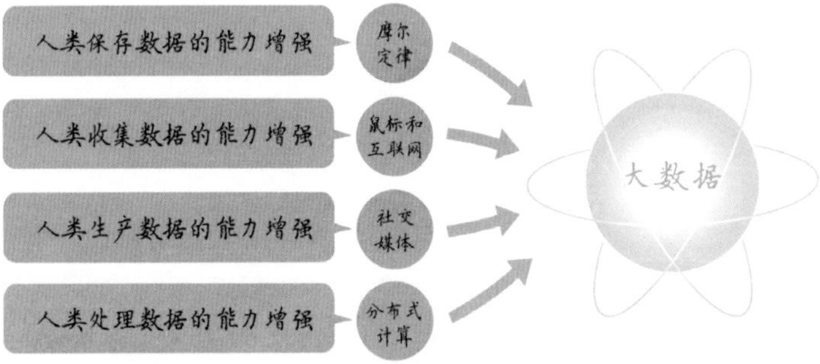

大数据的四大成因

12 成为数据科学家

一个神话般的经典

这是一个关于零售帝国沃尔玛的故事。

沃尔玛，全世界最大的零售商，拥有 11000 多家分店、200 多万名雇员。它的销售收入在 2018 年突破了 5000 亿美元，超过了很多国家的 GDP（国内生产总值）。

沃尔玛的数据库是世界上最庞大的商业数据库之一。沃尔玛也是最早一批大规模使用数据挖掘技术的企业之一。它的首席信息官叫罗林·福特，数据分析是他的核心工作。罗林曾经感叹：“每天早上一醒来，我就要问自己，怎么才能让数据流动得更好、管理得更好、分析得更好？”

在一次例行的数据分析之后，研究人员突然发现：跟尿布一起搭配卖得最多的商品竟然有啤酒！

尿布和啤酒，听起来风马牛不相及啊！任何一个人都很难将两者联系在一起，但这却是对历史数据进行挖掘的结果，反映的是数据层面的规律。这实在令人费解，这是一个真正的规律吗？

答案，还是在数据里。

经过跟踪调查，研究人员终于发现事出有因：一些年轻的爸爸经常要到超市购买婴儿尿布，有 30% ~40% 的“奶爸”会顺便买点儿啤酒犒劳自己。

再有想象力的人恐怕也很难想到，事实的真相居然是这个样子的。沃尔玛随即对尿布和啤酒进行了捆绑销售。果然，销量双

双增长。这是数据科学应用的经典案例。

沃尔玛到底是怎样发现这个规律的呢？这就要进入数据科学的核心：数据挖掘。数据挖掘，是指通过特定的算法对大量的数据进行分析，在大量的数据当中发现新知识，供人参考。之所以称之为“挖掘”，是比喻在海量数据中寻找知识，就像开矿凿金一样困难。你可以这样理解，数据挖掘是一台由算法控制的挖掘机，而数据库就像是一座矿山。

1989 年之前，数据挖掘不叫数据挖掘，而是叫一个很长的名字：基于数据库的知识发现。作为挖掘基础的数据库也不是和计算机同步产生的，它是在计算机出现之后，慢慢从软件当中成长、独立出来的。

数据库 ABC

1946 年 2 月，人类发明了第一台计算机，冯 · 诺依曼（1903—1957）是这台计算机的主要设计者，他被后人称为“计算机之父”。

冯 · 诺依曼其实是一名数学家，他之所以被称为“计算机之父”，最大的贡献在于他明确了计算机的体系结构，并确定了计算机内部的数据组织形式：二进制。为什么要采用二进制？前面讲到过，这是因为半导体的导电和不导电的状态可以分别用“1”和“0”来表示，只用“1”和“0”两个数字来表达所有数字，就叫二进制。因为有半导体，二进制比十进制容易实现。

二进制的引进，解决了表达、计算、传送数据的难题。但当数据在计算机内部累积得越来越多的时候，怎么快速地组织、存储和读取数据呢？这又成了新的挑战。

最早的时候，程序和数据是在一起的，它们之间你中有我、我中有你。后来数据越来越多，大头戴不了小帽子，程序已经承载不了这么庞大的数据了，计算机科学家就开始研究数据在软件内部的最佳组织方式。直到 1970 年，关系型数据库的发明，把软件中的程序和数据彻底分开了。从此，程序和数据这“两条腿”开始在各自的轨道上自由奔跑。这是计算机历史上的一个里程碑。

数据库就像是一个仓库，是集中存放数据的地方，它的单位叫“表”（Table），每个表代表真实世界的一个实体。例如，“学生”就是学校里面的一个实体，那么就可以用数据库里的一个表代表学生这一实体。下面就是一个学生信息表，每一列的数据项，如学号、姓名、班级等，都代表学生这个实体的一个属性；每一排的数据，都代表某一个具体的学生。

学生信息表

学号	姓名	班级	性别	语文成绩/分	数学成绩/分	英语成绩/分
10001	王小明	三年级2班	男	89	87	87
10002	李晓华	三年级4班	女	75	85	98
10003	黄坚强	四年级5班	男	74	79	87
10004	朱得立	五年级6班	男	89	90	75

学校里除了学生，课程也可以是一个表，还有每个学生的课程信息也可以是一个表。各个表之间有 4 种可能的对应关系：一对一、一对多、多对一、无关系。数据库中的各个表，一个连着一个穿在一起，它们之间的结构有点儿像糖葫芦。

例如，一个学生可以学习多门课程，那“学生信息表”和“课程信息表”之间，就是“一对多”的关系。

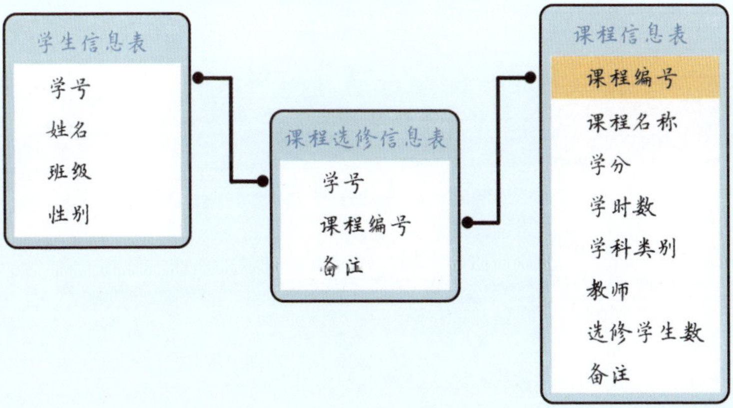

随着软件的普及，数据库和表也会增多。到了 20 世纪 90 年代，面对各行各业数据记录的激增，管理大师彼得·德鲁克 (1909—2005) 发出慨叹：“迄今为止，我们各种各样的系统产生的仅仅是数据，而不是信息，更不是知识！”

这是什么意思呢？

人类需要的并不是直接保存在数据库里的数据，而是信息和知识。这三者不一样。简单地说，知识就是从数据当中发现的有用的呈现规律的信息。

从数据、信息到知识的演变

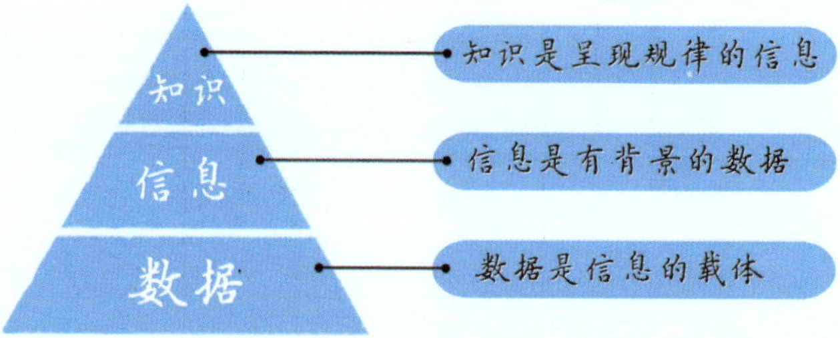

数据、信息和知识的区别和联系

明白了数据、信息和知识之间的关系，我们再来看看沃尔玛是怎样利用数据来获取信息，并从中提炼出规律的吧。

在进入高端的数据挖掘之前，它首先要做的是日常性的数据分析。

沃尔玛怎样做日常数据分析

沃尔玛的分店遍布全世界，为了提高内部的管理效率，它从20 世纪 80 年代开始，建设了很多信息系统。要做好数据分析，就要把所有的信息系统连接起来，进行多维度的分析。这叫联机分析处理（Online Analytical Processing），也叫多维分析处理，英文简称OLAP。

“维”是联机分析的核心概念，指的是人们观察事物、计算数据的特定角度。维数越多，说明观察同一个事物的角度越多。上上下下，左左右右，它的过去和现在都被看到了，你自然就知道该事物长什么样子，也能大体预测出它未来是个什么样子。

举个例子，沃尔玛如果要分析自己的销售额，可以按地点、时间、产品类别或国别分析；也可以按供货渠道、客户群体分析。这些不同的分析角度，就叫“维度”。

每个问题都可以是一个维度或多个维度的交叉。例如：

- 沃尔玛 2018 年在美国纽约州的销售量、销售额分别是多少？
  这个问题有 2 个维度：地点和时间。
- 沃尔玛 2018 年在纽约州奶制品的销售额是多少？
  这个问题有 3 个维度：地点、时间和产品类别。
- 沃尔玛 2018 年在纽约州进口奶制品的销售额是多少？
  这个问题有 4 个维度：地点、时间、产品类别和供货渠道。

随着维度的不断增多，问题就变得越来越复杂。1 个维度是直线的，2 个维度是平面的，3 个维度可以想象成一个立方体。一旦超过了 3 个维度，人类的思维和想象力就受到了很大的限制。

人类就生活在三维空间里，对一维、二维、三维都很熟悉，加个时间的话，还能对四维空间有点儿感觉，再多的维度就完全无法想象了。可据说宇宙共有 11 个维度，那是什么样子，实在是想象力受限，感知不到啊！

人类无法突破限制，这时，强大的计算机就有了用武之地。

理解时间、产品和地点 3 个维度的交叉

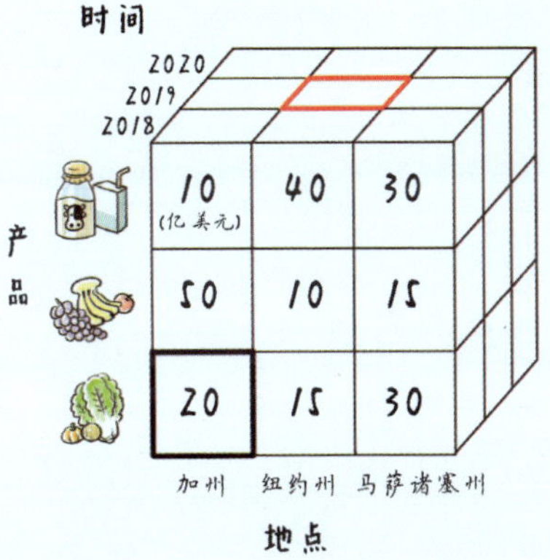

（单位：亿美元）

· 加粗方块（上）：2019 年纽约州奶制品的销售量

· 加粗方块（下）：2018 年加州蔬菜的销售量为 20 亿美元

理解 1 个维度或 2 个维度的交叉

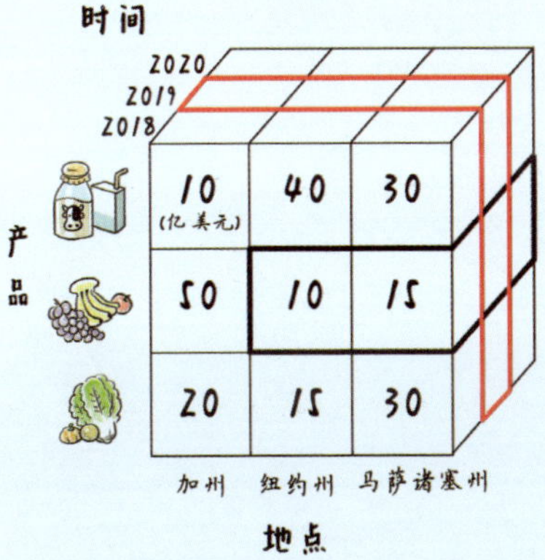

· 横割（地点和产品 2 个维度的交叉）：所有年份（本图只有 2018 年至 2020 年）纽约州和马萨诸塞州水果的总销量，为黑线加粗部分

· 竖切（时间 1 个维度）：所有州、所有产品（本图只有 3 个州、3 类产品）在 2019 年的总销量，为红线加粗部分

注：为了绘图的方便，这个例子每一个维度只取了 3 个值。事实上，每个维度的值都可以无限增加，例如年份可以增加 2015 年、2016 年、2017 年等，产品可以增加甜点、咖啡等，地点可以增加佛罗里达州等。

同时，一个维度还可以再进行下钻细分。

例如，奶制品可以分为液体奶和奶粉，液体奶又可以分为杀菌奶、灭菌奶、酸奶等；奶粉又可以分为脱脂奶粉、全脂奶粉、婴幼儿奶粉等。你知道了奶制品的销量，可能还想知道液体奶的销量，你知道了液体奶的销量，可能还想知道酸奶的销量，这就是沿着产品的维度下钻；又如地点的维度，知道了纽约州的销售额，分析人员可能还想知道其中某个地区、某个城市、某个小区的销售额，这都可以一层一层地下钻。

和下钻相对应的，是上卷。

例如，从一个城市的销售额，沿着向上的维度，可以得到一个州的销售额，然后再往上，就加总到全美的销售额，这就是一个典型的上卷。

有了这样的联机分析，用户可以在各个维度之间自由切换和组合，从而获得全面、动态的分析结果。

理论上，企业日常经营的一般性问题，都可以通过鼠标的点击从用户的指尖弹出。这时，数据尽在手中，就像玲珑剔透的水晶，可以任意横切竖割，流畅得令人叹为观止。

但联机分析本身，却还是回答不了“尿布和啤酒”的关联问题，它看到的只是显示出来的情况，是对企业经营情况的透视性探测。

下面我们要讲数据挖掘，它是对数据进行挖山凿矿式的开采，要的是发现潜藏在数据表面之下的规律，开采出那些不为人知的知识。

购物篮分析

数据挖掘的关键在于算法。算法是运用数学和统计学的方法和技巧，用计算机语言编写的解决某一类问题的步骤。我们用算法挖掘数据，才能在看起来杂乱无章的大数据里发现有价值的线索。

在超市里买东西，我们都会用到购物篮、购物车，所以有了一个叫“购物篮”的算法。直白地说，就是分析顾客购买某种东西时，哪种东西被同时购买的可能性更高，这样我们就可以提醒他们购买，顾客就可能会买更多的东西。

举例来说，今天早晨有 5 个顾客在你家楼下的小超市购物，他们购物篮中的商品如下图所示：

交易号	商品
001	面包、牛奶
002	面包、尿布、啤酒、鸡蛋
003	牛奶、尿布、啤酒、可乐
004	面包、牛奶、尿布、啤酒
005	面包、牛奶、尿布、可乐

我们可以清晰地看到，尿布出现了 4 次，啤酒出现了 3 次。也就是说，4 名购买尿布的顾客中有 3 名买了啤酒，搭配购买率达到了 3/4（75%）。看起来，这两个商品的购买关联度还是挺高的。

这里的 4 和 3 叫作支持度，3/4 叫作可信度。如果你对这两个概念感到困惑也没关系，接着往下看。

支持度：就是一件商品或者一个商品集在整个数据集中出现的次数，即：

{ 尿布 } 的支持度为 4，{ 尿布 , 啤酒 } 的支持度为 3。

这样看来，出现次数越多的商品，支持度也就越高，说明它的“人气”也就越旺。

请记住，支持度是我们判断两个物品之间是否有强关联关系的第一个门槛，它衡量了关联程度在“量”上的多少。

可信度：是一种关联关系的有效程度，即：

$$\{\text{尿布}\} \rightarrow \{\text{啤酒}\}\text{的可信度} = \frac{\{\text{尿布，啤酒}\}\text{的支持度}}{\{\text{尿布}\}\text{的支持度}}$$

{ 尿布 , 啤酒 } 的支持度为 3，{ 尿布 } 的支持度为 4，所以 { 尿布 } → { 啤酒 } 这样的关联规则的可信度为 3/4 = 0.75。即在所有购买了尿布的记录中，有 75% 的可能同时购买啤酒。

请记住，可信度是我们判断两个物品之间是否有强关联关系的第二个门槛，它衡量了关联程度在“质”上的可靠性。

现在我们假设有 4 种商品，分别是 A、B、C、D。下图展示了这 4 种商品之间所有可能的组合，共有 15 种。现在我们要找到顾客经常购买的商品组合。

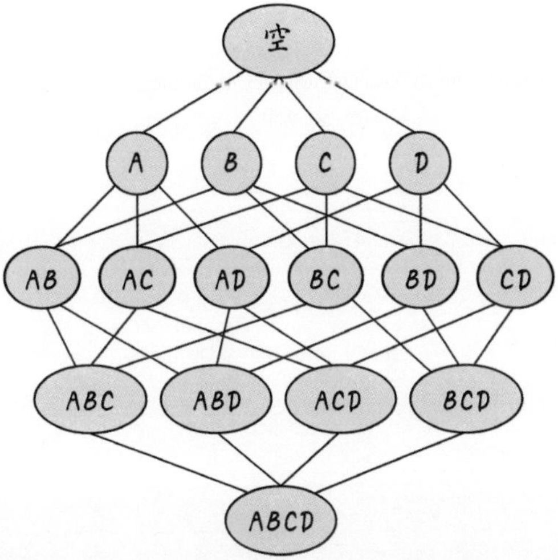

还是举例说明，先来看看 A 和 AD，数一下它们在图中出现的次数：A 出现了 8 次，AD 出现了 4 次。那么购买 A 商品的顾客有 4/8 的可能会同时购买 D 商品，也就是有一半的可能。依此类推，我们可以算出每一种组合的支持度和可信度是多少，然后比较一下可信度，就能找出最常在一起购买的商品组合了。

商场知道了这些，就可以不断把商品的“自由组合”变为“最佳组合”，让消费者更愿意把它们一起买回家，也就是各种购物网站让人眼花缭乱的捆绑销售、组合套装。

道理是明白了，但是，有些同学马上就意识到这张图里面只有4种商品，计算起来还比较简单。如果商品的种类增多，上万甚至上百万呢，那得多少组合项啊！靠人脑怎么算得过来？事实上，一个普通百货商场的商品就有上万种。有没有办法快速减少组合项，减少计算时间呢？

那就需要用更快、更好的算法了，这就是数据科学家的任务。至于算法，没有最好，只有更好。不仅如此，我们还需要一种能与计算机打交道的语言，让计算机明白你的算法，老实地去执行整个购物篮分析的步骤。这样，即使有千万种组合，计算机也能嗖地一下就得到结果啦！

看起来有点儿复杂？不，这其实并不难。只要大家先学好数学和统计学，然后再学会一门能与计算机打交道的编程语言，以后就可以去数据分析部门上班喽！

购物篮分析是大型超市非常依赖的一种分析方法，能够指导超市合理摆放商品，根据时令做好促销策略。例如月饼应该2盒还是3盒捆在一起，又该跟其他哪些商品摆在一起或者搭配销售等。人要打破常识思维是很难的，所以，想破脑袋瓜子你可能也不会想到，把啤酒和尿布放在一起卖居然能“来电”。可是购物篮分析没有成见，它比一个经验丰富的超市经理更能发现现实世界中隐藏的联系。

即使不做购物篮分析，零售店也知道把面包和牛奶放在一起卖，而不会把马桶和面包放在一起，这是常识。大数据分析的结果有意义的只占少数，可能只有 1% 的发现真正具有指导意义。这种方法很依赖数据量，只有数据量足够大的时候，分析的结果才更具价值。这就像是驾船出海寻宝，能不能找到宝藏，那可不一定。

在其他领域，购物篮分析也有着广泛的应用。例如在电信、金融、保险领域，它可以用来设计不同的服务组合、投保组合；甚至在医疗领域，分析哪些药物和治疗措施放在一起会导致并发症，用的也是购物篮分析。

总结一下，要成为一名酷炫的数据科学家，你必须掌握以下 3

个领域的知识。

（1）数学和统计学。这也是小数据时代的数据科学家必须具有的知识背景。

（2）计算机编程。到了大数据时代，因为数据的多样性和广泛性，你必须借助计算机，所以一定要会和机器沟通，学会计算机编程，以实现自动处理的目标。最高的境界是机器学习，机器具备自己从数据当中去学习和发现的能力，一个开了窍的机器是非常可怕的，这就是人工智能了。

（3）专业领域知识。某个专业领域的知识可以帮助你结合现实，确认计算机分析的结果是否有真正的价值。购物篮分析就要求分析人员是一个零售行业专家，因为分析本身只发现了顾客购物的规律，但规律背后的原因还需要分析人员自己寻找。

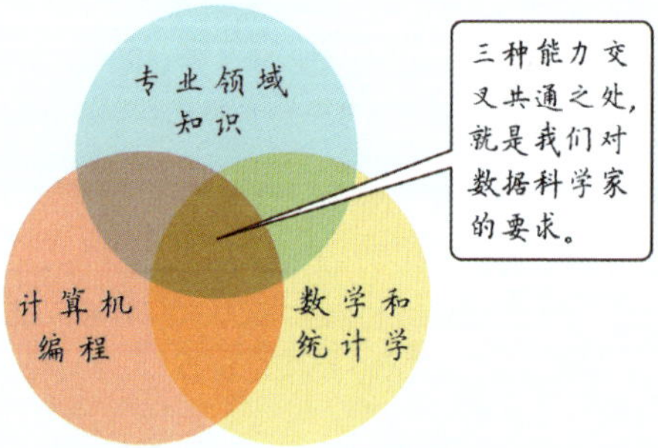

注：数据科学是一门新兴的交叉学科，数据科学家要比计算机专家更懂统计，要比统计专家更精通计算机编程。看，要想做一名数据科学家可不是一件容易事儿。可话说回来，哪有随随便便的成功呢，要想有成就，不跨点儿界还真不行。

前面的图表明的是对数据科学家的能力要求，但这并不代表数据科学是数学、统计学或者计算机科学的一个分支。事实上，假以时日，数据科学这一新兴学科会成为一个比统计学领域更大、应用更广泛的学科，它的目标就是用自动化、智能化的方法来处理数据，发现数据背后的知识和规律。

数据挖掘、统计和机器学习的区别

我们前面讲到，由于抽样技术的出现，统计科学发生了一场革命，社会调查可以通过选取有代表性的样本来完成，而不必像人口普查那样，把全社会的人都问一遍。但和数据挖掘相比，统计技术已经有明显的不足。

1948 年，杜鲁门和杜威竞选美国总统，盖洛普通过抽样调查预测杜威将会当选。新闻界对这个预测深信不疑，《纽约时报》等报纸提前一天印好了杜威当选美国总统的版面，准备抢占先机。结果却令所有的人都大跌眼镜，最后当选的是杜鲁门！那些印有杜威当选消息的报纸只好全部销毁。

盖洛普失败的原因就在于，抽样调查需要经过问卷设计、信息收集、数据分析等多个步骤，这导致它掌握的数据有滞后性，而真

实的情况是瞬息万变的。在竞选结果出来前的最后的两周里，盖洛普不得不停止调查，而杜鲁门却恰恰在这最后的关头扭转了战局。

在大数据时代，对总统竞选的预测出现了新的方法：在投票的前后，对社交媒体上的数据进行观点的挖掘，可以较为准确地预测出谁能当选。2008 年和 2012 年两届美国总统选举，都有人通过挖掘推特、脸书上的数据，准确预测出了结果。

这种对互联网数据的挖掘不需要设计问卷，也不需要挨个儿调查，成本很低；这样的数据分析，一个人就可以完成，而不像问卷那样要出动大量的人马；更重要的是，这种分析是实时的，没有滞后性。所以，有越来越多的科学家相信，因为大数据的出现，统计科学和数据科学将重新洗牌，进入一个新的时代。在这个新的时代，数据挖掘将成为越来越重要的分析预测工具；抽样技术的重要性将下降，这种技术将成为辅助工具。

虽然数据挖掘如日中天，但也有抢风头的，这就是机器学习。打遍天下无敌手的国际象棋机器人“深蓝”，还有把众多围棋名将下得没有脾气的机器人阿尔法狗（AlphaGo），用的都是机器学习技术。机器学习凭借的也是计算机算法。和数据挖掘不同的是，其算法并不是固定的，它能够随着计算、挖掘次数的增多，自动调整算法的参数，使挖掘和预测的结果更为准确。

我将在本书的姊妹篇《给孩子讲人工智能》当中，详细地讲解机器学习。

用图形分析数据

除了会用算法分析数据，一个好的数据科学家还要会用图形分析数据。还记得斯诺医生吗？他用一张图分析出了导致霍乱传播的不是空气，而是水。下面我们再来讲一个与斯诺同时代的故事。

1855 年，克里米亚战争爆发了。这场战争导致 50 多万人死亡，异常惨烈。作为交战一方的英国当然是伤亡惨重。

弗罗伦斯·南丁格尔（1820—1910）是英国的一名战地护士，也是一名自学成才的统计学家。她在考察了英国士兵的伤亡情况之后，发现由于医疗卫生条件恶劣而导致的死亡人数，大大超出了在前线直接阵亡的人数。

南丁格尔将她的统计结果制成了一张图表。图表清晰地反映了“战斗死亡”和“非战斗死亡”两种情况下死亡人数的悬殊对比。强烈的视觉效果引发了英国整个社会的激烈讨论，促成了英国政府出台成立野战医院的决策。由此，人类历史上第一所正式的野战医院建立起来了。

1854 年 4 月至 1855 年 3 月，英国军队士兵的死亡原因

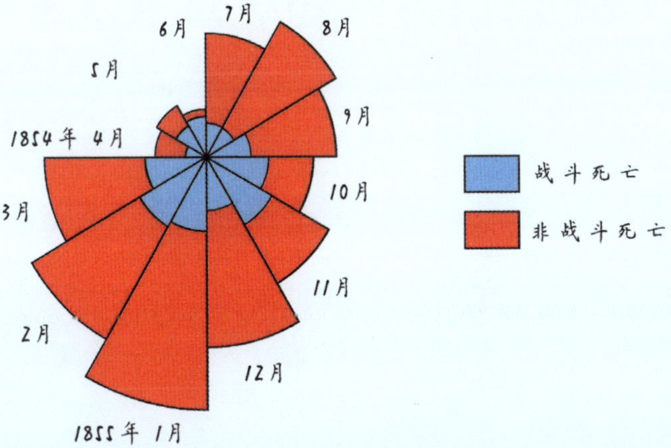

注：每个月的死亡人数以 30 度的扇形面积表示，内环蓝色代表因战斗死亡的人数，外环红色代表非战斗死亡的人数。（图片来源：SAS 公司）

南丁格尔后来被誉为现代护理学之母。她的这张图表更是历史上第一份“极区图”，也是统计学家对利用图形来展示数据进行的早期探索。

一张图表改变了一个制度，这并不夸张。人类天生就是感性的生物，视觉冲击对人的震撼要远远强过单纯的联想。

南丁格尔的这种做法被称为数据可视化。它是指以图形、图像、地图、动画等更为生动和易于理解的方式，展现数据的大小，诠释数

据之间的关系和发展的趋势，以更好地理解并使用数据分析的结果。

南丁格尔的事例充分地证明了数据可视化的价值，特别是在公共领域的价值。生理学也证明，人的大脑皮层当中，有 40% 是视觉反应区，人类的神经系统天生就对图像化的信息最为敏感。通过图像，信息的表达和传递将更加直观、快捷、有效。而且，人的创造力不仅仅取决于逻辑思维，还取决于形象思维。数据可视化的技术，可以通过图像进一步激发人的形象思维和空间想象能力，吸引、帮助用户洞察数据之间隐藏的关系和规律。

20 世纪 70 年代，由于计算机技术的兴起，一批有远见卓识的学

者看到了这个领域巨大的潜力。有人认为："未来的计算机不仅要能计算，还要能将计算结果转变为直观的图形。我们应该研究这两种结果，因为每一种都有助于我们理解问题。"

1983 年，耶鲁大学的教授爱德华·塔夫特成了数据可视化这门学科的掌门人。塔夫特系统考证了人类用"图形"表达"数据"和"思想"的渊源，整理了历史古籍中的图形瑰宝，并结合计算机的发展给统计领域带来的革命，出版了《定量信息的视觉展示》一书。这本书后来被公认为是"数据可视化"作为一门学科的开山之作。

这本书的出版也有一段波折。

因为塔夫特整理了从古至今（他所处的时代）很多优秀的图表，他坚持要在新书中使用高质量、高精度的彩色插图。几乎所有的出版商都认为这是赔本买卖，没人愿意出版。塔夫特却很相信自己的判断，他抵押了自己的房子，自费出版了这本书。

结果令出版商大吃一惊：这本书获得了巨大的商业成功，塔夫特教授也成功转型为信息学专家，被奥巴马任命为顾问。

塔夫特强调，数据可视化的关键在于"设计"，"信息过载这回事并不存在，问题出在糟糕的设计，如果你用来表达数据的图形让人感觉杂乱不解，那就要修改你的设计"。

美国总统每年公布政府预算都是美国的一件大事。在塔夫特的领导下，美国白宫曾经用一张图对奥巴马公布的年度预算进行了可视化处理。如下图，图形以线条的粗细表明各项收支金额的大小，左边是收，右边是支，中间的红色部分是赤字缺口，形象贴切。奥巴马收了多少钱，要办哪些事，各项收入和支出一目了然。

奥巴马在2010年预算开支的可视化展示

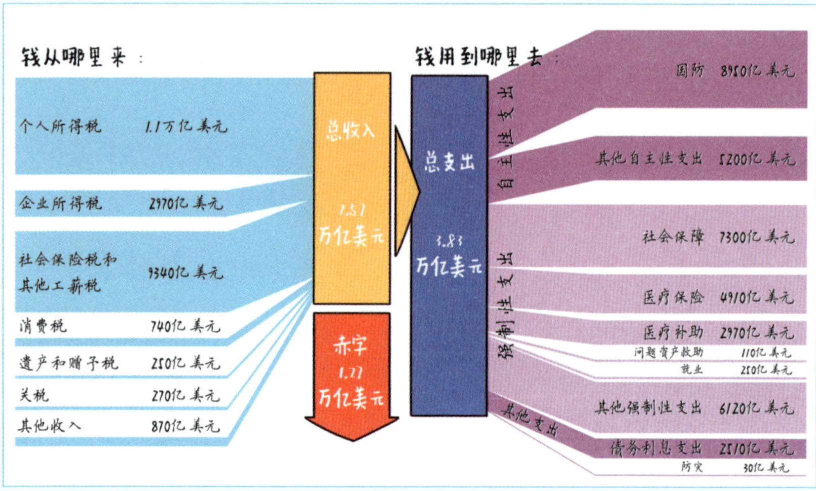

（数据来源：《华盛顿邮报》，2010年2月1日）

进入21世纪之后，大数据的爆炸使人们更加需要展示数据、理解数据、演绎数据的工具。这种需求，刺激了数据可视化专业市场的形成，其产品迅速增多，可谓绚丽多彩、百花齐放。从最早的点线图、直方图、饼图、网状图等简单图形，发展到以监控商务绩效为主的仪表盘、记分板，再到交互式的三维地图、动态模拟、动画技术等。越来越直观化、趣味化的表现方法，让曾经冰冷、枯燥的数据“动”了起来、“舞”了起来，变得更能感染人！

数据可视化把美学的元素带进了数据分析，给它锦上添花。一幅好的数据图像不仅能有效地传达数据背后的知识和思想，而且华美精致，如一只只振动翅膀的彩蝶，刺激视觉神经、调动美学意识，令人过目不忘。

简而言之，图形是解决逻辑问题的视觉方法。

作为一个新兴的行业，数据可视化的发展潜力不容小觑。数据可视化工程师既懂数据分析，又精通构图的艺术，集故事讲述和艺术家的特质于一身，通过把复杂的数据转化为直观的图形，他们把数据分析的结果推向了普通大众，可谓是大数据时代的导航员。

大数据之大，不仅在于容量大，其根本还在于潜在的价值大。

价值在于使用。埋在地底下的石油，远古时代就已经存在了。但人类之所以能够进入石油时代，是因为掌握了开采、冶炼石油的技术，石油才变成燃料，变成液体黄金。

道理是一样的，人类可以迈进大数据时代，最根本的原因，是人类的数据技术取得了重大的突破。通过以数据挖掘为核心的一系列技术，人类在数据当中发现了新的知识、创造了新的价值，从而为社会带来“大知识”“大科技”“大利润”和“大智能”等大机遇。

在这个新时代，数据就是财富，数据分析的能力就是核心竞争力，很多行业都要相继跨入一个数据兴则兴、数据强则强的“数据竞争”时代。这也是一场数据科学家之间的竞争，以发现新知识为使命的数据挖掘和机器学习，就是这个时代最为瞩目的竞争利器。

有了大数据，所有事情都值得重做一遍！因为你会做得更好，效率也更高。

13 正义的大数据

监测马路杀手

2011 年 10 月，美国佛罗里达州的一个小城市里发生了一起交通事故，事故原因是一名退役警察超速行驶。

一个叫克斯汀的女记者关注到这起案件。她查阅了历年的数据，发现自 2004 年起，整个佛罗里达州发生过 320 起警察超速导致的交通事故，但最后只有一名警察入狱服刑。

克斯汀意识到，这是一个值得关注的社会问题。她甚至怀疑这个数据只是冰山一角，类似的情况还有很多，开快车可能是警察们经常的行为。

但怀疑也只是怀疑，克斯汀知道，要证明警察这个群体凌驾于法律之上，是个很大的挑战，最难的就是取证。

克斯汀试过跟踪警车。她抱着测速雷达，一连几天守在高速公路边，一看见有超速的黑点，就驱车直追。但她很快发现，这是守株待兔，路上车太多，难以确定目标，追上了却常常发现不是警车；就算碰上了超速的警车，她也无权截停，只能通过拍照片或摄像取证。

克斯汀想出了一个奇招，她根据美国的《信息自由法》，向当地的交通管理部门申请数据开放，因为警车是公务用车，公民有权了解其使用的状态。她获得了 110 万条当地警车通过不同高速路口收费站的原始数据，又用了 3 个月的时间对这些原始数据进行整合和分析。

她选取两个特定的收费站，测算它们之间的距离；再在 110 万条记录当中找到同一辆警车通过这两个不同收费站的具体时间，两点之间的距离除以时间差，就是该警车的平均行驶速度，也就是区间测速。

结果令人震惊。在 13 个月期间，当地所属的 3900 辆警车一共发生 5100 宗超速事件，其中 96% 的速度在 144 千米 / 时至 176 千米 / 时之间，当地 1/5 的警车都有超速的“劣迹”。而且记录表明，绝大部分超速的情况都发生在下班之后或者上下班途中。这意味着，他们开快车并不全是为了执行公务。

克斯汀随后在当地的《太阳哨兵报》上公开发表了她的数据分析过程，引起舆论一片哗然。接下来的一个月，《太阳哨兵报》的电话响个不停，全美各地的读者打电话来询问。而当地的警务部门则发生了一场“大地震”，5100 宗超速事件涉及 12 个部门的近 800 名警察，铁证如山。数百名警察受到警告、停发工资、开除、剥夺驾驶权等不同程度的处罚。

故事讲到这里，还没有完。第二年，克斯汀又向当地政府申请开放新年度的数据。她用新数据和旧数据进行了对比，发现这一年警察超速的情况已经下降了 84%。随后，克斯汀又发表了一篇新的分析报道，她甚至把数据分解到了各个警务部门，详细地列出了每一个部门的改进水平。

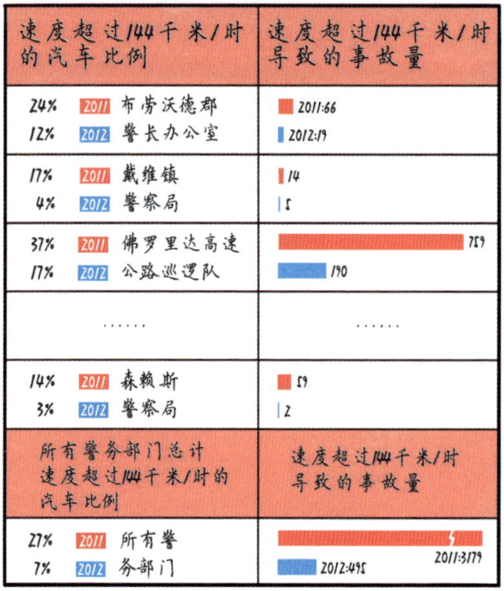

注：左图为克斯汀在第二篇报道中引用的部分数据。

哪些部门的警察还在开快车？（2012 年 2 月到 10 月与 2011 年的同期对比）

克斯汀的系列报道获得了 2013 年普利策新闻奖。获奖理由是：以无可辩驳的数据，调查记录了警察在非公务期间开快车、危及市民生命的事实，这种致命威胁在后续的讨论和整顿中得到消减。

可以想象，如果不是通过数据创新，如果没有上百万条的数据记录以及成熟的数据分析手段，类似这种“警察群体开快车”的社会问题，人们可能有感受，却无法在法庭上得到证实。这种知法犯法的特权行为，也很难得到有效的纠正和治理。

但这个故事的启发意义还远不止于此。

10 次车祸 9 次快，超速行驶一直是公路上的“超级杀手”。由于缺乏有效的治理手段，这种行为难以根治。目前的主要手段是警察巡逻加上雷达测速。

这两种方法不仅成本高，而且监测范围有限。采用克斯汀的方法，只需要获得车辆通过 A 收费站和 B 收费站的时间，就能计算出车辆在这个路段行驶的平均速度，是否超速一目了然。同时，它监测的对象是道路上行驶的所有车辆，这能够打消驾驶员的侥幸心理。

不妨再进一步设想：如果一辆车在行驶过 B 收费站的时候，B 收费站就能够获得 A 收费站的数据，进行实时计算，那这种监测是否更加迅速有效呢?

这当然不是难题，答案就是用“云”。

如果我们把一个地区所有收费站的数据都放到同一个“云”上，通过大数据能够得出多少新发现呢？这会给现实世界带来巨大的改变，结果你自己去想象吧。

高清社会

我曾旅居杭州 4 年。这 4 年中很喜欢看《钱江晚报》。有一天，我看到一个大消息，之江花园案破了！

之江花园别墅的这起案件曾经轰动整个杭州市。2003 年，有人在一个雨夜潜入之江花园，入室抢劫杀人，随后潜逃，再无音信。这一年，华人神探李昌钰第一次来杭州，有人拿这个案子问他，当时他也拿不出办法，但留下了一句话，“只要时机到来，案子迟早会破”。

这个时机，一等就是 13 年。

让人没想到的是，等来的时机竟然是大数据。

20 世纪 90 年代，杭州警方开始普及“生物痕迹”的概念，引进了物证管理系统；2008 年，标准化采集仪器“搜痕仪”在杭州的派出所得到普及，它可以收集记录人像、DNA（脱氧核糖核酸）、指纹、掌纹、足印以及鞋底式样等数据；2012 年，这些数据开始向云端转移，形成“物证云”，任何一个嫌疑人的数据都可以在“物证云”中和其他数据进行大范围的比对。

“物证云”正是大数据在警务系统内的应用。它在之江花园案的破案过程中起到了关键作用。

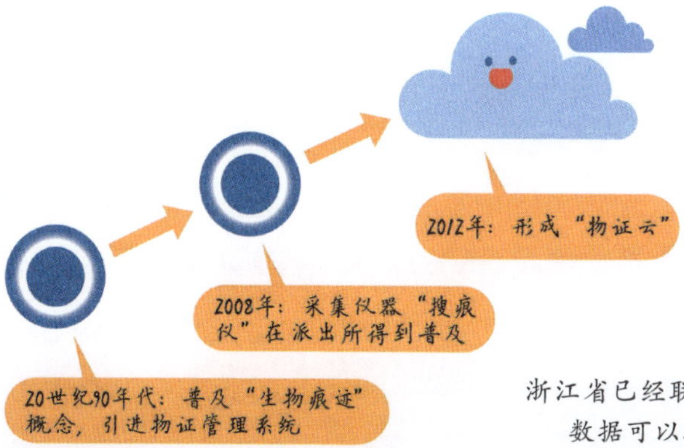

浙江省已经联网的物证云：数据可以跨地区比对

2015 年 9 月，一名姓俞的男子在诸暨一家面馆因为争吵而伤人。当地警方把他制服后，提取了他的 DNA 等数据，并录入到“物证云”上。没有想到的是，对数据进行跨地区比对已经实现了，警方发现他的各项数据和之江花园案留下的痕迹高度吻合，俞某的身份很快得到确认。

为了破之江花园案，杭州警方十多年来踏破铁鞋，但真正破案时却没费多少工夫。这首先要归功于“物证云”的强大覆盖能力，“物证云”让一些零散的数据形成了联系，破案时机就在这种比对中出现了。

1975 年至 1986 年间，美国出现了一起连环案，犯罪嫌疑人被称为“金州杀手”。办案人员追踪他 20 多年，查对过数千名嫌疑人，但都没能抓到他。

2017 年 12 月，一名探员突然想到了一个应用大数据的新办法。他把已经掌握的嫌疑人的 DNA 上传到一个寻亲网站，这个网站能够分析上传的基因数据，为人们寻亲溯祖提供线索。结果，真的找到了一个和嫌疑人 DNA 部分匹配的人。凭借这个重要的发现，警方将嫌疑人的范围从上百万人缩小至一个家族。在排查之后，警方抓到了案犯迪安杰洛。此时，这位“金州杀手”已经 72 岁了。

正义虽然姗姗来迟，却没有缺席，这里面最大的功臣也是大数据。

我的警察朋友这样告诉我：“大数据和新技术太厉害了，我们现在是有案必破，破积案、等案破、没案破。”“今天你要是

做了坏事，就别跑，因为你根本跑不掉，你就坐在家里，等着警察来找就没错了。”

这说的可能有些夸张，但也正说明警方如今的底气不是一般的足。为什么底气能这么足？正是因为有了大数据的分析。

今天，几乎人类所有的行为都在留下数据。凡走过的，必留下痕迹。通过对痕迹的分析，一个人几乎没有秘密。普通人是这样，犯罪分子也是这样，除非他一直躲在深山老林里不出来，显然，这在现代社会几乎是不可能的。

我在阿里巴巴工作期间，接到最多的政府部门电话，就来自公安部门。阿里巴巴能提供各种各样的数据，以验证、扩大公安部门的办案线索。因为电商平台的交易是数据化的，一切有迹可查。针对平台上的可疑交易，蚂蚁金服集团的数据分析团队可以向公安部门提交分析报告。

可以肯定，未来洗钱、偷税、漏税等经济犯罪的空间将会越来越小。

数据纹理

大自然中没有两片相同的叶子。因为，纹理可以将一片叶子与另一片叶子区分开来。也没有两个人的声纹或指纹是相同的。

同样，在数据空间里，一个人或一个物体就是一个独特的“数体”，它可以被无数数据定义、支撑、背书。每一组、每一条数据又都有自己的特征，就像声纹和指纹，它们是数据纹理，简称“数纹”。

每个人的脸型、指纹、心跳和血压等生理数据不一样，每个人的社会活动也不一样，不断地收集、整合一个人的数据，一个独特的数纹就出现了。凭借这些数纹，就可以清晰地定义一个人，区分这个人和另一个人。这种个体区分力，在人类的历史上还从没有过。但今天的政府正在拥有，我叫它“单粒度治理”的能力，意思是，人正在成为显微镜下的一粒原子。

打个比方，就像漫天飞雪，虽然每片雪花高度相似，但它们在形成过程中，由于水蒸气条件的不同，形成了各自的独特构造，再受气流的影响，纷纷扬扬下落的路径充满变数，每一片都不一样。今天的技术就好比上苍之眼，可以在空中锁定、跟踪、分辨每一片雪花的轨迹。

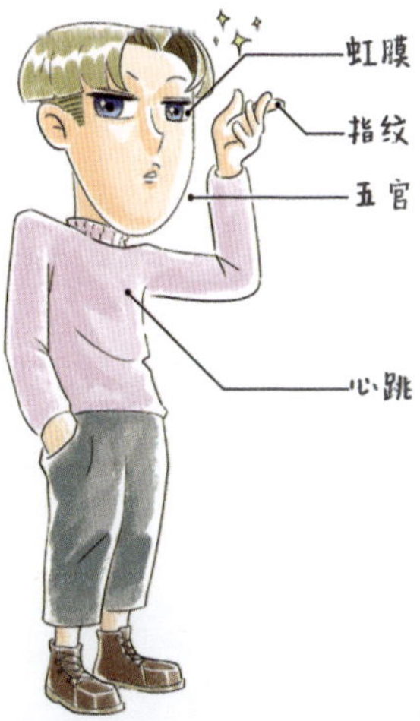

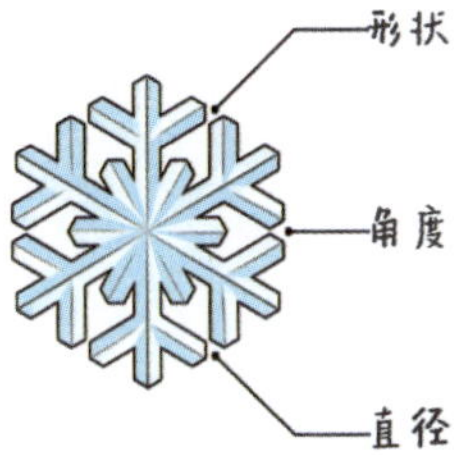

我们知道，犯罪常常借助黑暗发生。黑暗制造了一个模糊社会，罪犯的行为得以隐遁。历史数据也证明，75% 以上的偷盗都发生在夜间，在没有电的时代，如果夜间行人增加，城市的犯罪率就会上升。19 世纪 80 年代，爱迪生改良了电灯，电灯给城市带来了稳定、持续的光亮。社会学家发现，随着一个城市照明状况的改善，犯罪率会有明显的下降，亮堂的地方犯罪行为变少，其中的道理是不言而喻的。

今天的数据有同样的功效。快速整合的数据，无处不在的摄像头，它们无异于一种新的“光”，照向了人性的幽暗之处，清除了人类的侥幸心理。大数据正在催生一个更加安全的高清晰的社会，你们将会见证人类社会犯罪率更大幅度的下降。

14 知冷知热的大数据

科技“保姆”上线

2018 年 8 月，南方的一个花园小区里，一对老人倒在家中，被发现时已死亡多日。新闻报道说：二老都是退休教师，老爷子 70 多岁了，患有阿尔茨海默病，老太太也患有多种疾病。两位老人平常和蔼可亲，没有想到说走就走了，多日后才被邻居发现，实在可怜。老人有一个儿子，就住在隔一条马路的小区。

小区里人来人往，儿子就住在隔壁的小区，可这样的事还是发生在了眼皮了底下，到底出了什么问题？大家可能会想到邻里关系的冷漠，儿子对老人疏于照顾，老人即使身处闹市，又与独居有什么区别？

每家都有老人。当今中国，独居老人或者叫“空巢”老人的问题已经非常严重。据统计，截止到 2018 年年底，我国 60 周岁以上的人口大约有 2.5 亿，占人口总数的 18%，其中 65 周岁以上的人口约 1.7 亿，占人口总数的 12%。中国即将进入人口老龄化的高峰阶段。

中国2010年到2050年人口老龄化趋势

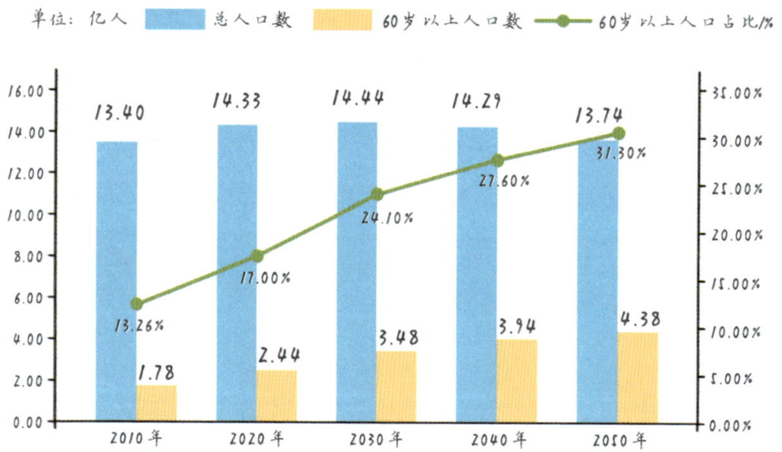

（数据来源：中国社会科学院）

我曾经还看过一个报道，有一个在外地打工的游子打电话回家，连打了几天都没人接听。他非常担心，放下工作直奔家中，推开门就发现惨剧已经发生了。几天之前，他父亲因为心脏病发作死在浴室，母亲瘫痪在床，因为没有人照顾饿死了。

不断看到这样的悲剧，真是令人难受。我想，今天有那么多的传感器、智能手环，用好了一定可以解决这个问题。

移动技术已经让人类永不下线，传感器普及的浪潮正在到来。智能手环收集到的数据如果可以和医院实时联通，那么被监控者的心跳、体温等数据就可以源源不断地传送到医院的数据库中。当被监控者的心跳出现异常时，算法就可以把数据推送给医生，提醒其注意及时救治。

目前，江苏省扬州市的个园社区正在尝试为老人安装“智能看护”传感器，主要包括：床垫传感器、马桶传感器、煤气泄漏

报警器和室内红外线传感器等。这些传感器每天会按时将收集的数据发送到系统终端，社区负责人员和子女只要打开手机，就可以了解到老人当天的生活情况。

日本社会也存在老龄化的问题，比中国更严重。据统计，日本的独居老人约600万，每年有4万人孤独离世。为了关注他们，日本人也用上了大数据，他们通过能源提供商监测这一家住户的水龙头几天没被使用了，灯有没有被打开，燃气一直在被使用或者没被关掉等。日本家庭的水表一般安装在住所外面，因此，改造水表很方便。通过安装一个可以实时记录用水量的电子指示器，关注独居老人的想法就可以实现。远方的子女每天都可以看到老人的能源使用数据，从这些数据推测老人做饭、洗澡所需的时间。当发现数值异常时，可以立即与当地社区联系，请社区工作人员到家中查看。这样一来，日本独居老人在家中死亡若干天后才被发现的事件减少了30%。

把数据用好，把“云”用好，“空巢”老人的救助问题将发生极大的变革。

美丽的错误

2013年7月，华东师范大学有一位女生收到校方的短信：

同学你好，发现你上个月餐饮消费较少，不知是否有经济困难？

这条温暖的短信也要归功于大数据。校方通过挖掘校园饭卡的消费数据，发现这位女生每顿饭的餐费都偏低，于是向这位女生发出关心的询问。

借助数据分析，华东师范大学把每个月在食堂吃饭超过 60 顿、总消费不足 420 元的学生，悄悄列为受资助对象，不用审核、不用公示，学校直接将金额各不相同的补贴款打进这些学生的饭卡。因为校方在长期的管理当中发现，不少家境贫寒的学生，因为面子原因不愿申请贫困生助学金。如果进行公开的评审和公示，难免会伤害一些学生的自尊心。

这种方法可以说是用心良苦了。当然，偶尔也会出现美丽的错误！刚才说的那位女生之所以消费低，只是因为正在减肥。

误会之所以发生，并不是因为大数据不管用，而是在于数据不够多、不够全面、不够强大。大数据的特点除了“量大”，还有“多源”。如果除了饭卡，还有其他来源的数据作为辅助，判断就会更加准确。

我的朋友周涛教授在电子科技大学工作，作为国内知名的大数据专家，他主持过一个课题，叫“寻找校园中最孤独的人”。该课题从 3 万名在校生中采集到了 2 亿多条行为数据。这些数据包括学生选课、图书馆刷卡、寝室门禁、食堂消费以及学校超市购物等数据，都是学生在刷一卡通时产生的。通过对不同的卡在不同地点的刷卡数据进行分析，课题组最终发现了电子科技大学有 800 多名学生，他们在校的大部分时间都是独来独往的。每一次排队，前后都没有同学或好友，他们是“最孤独的人”。

一个人看电影

一个人吃饭

一个人洗澡

一个人学习

这些孤独的人患上心理疾病的可能性很大，家长和学校如果提前予以关注，就会避免悲剧的发生。这也是大数据温暖的一面。

知冷知热知心，应该是大数据的终极追求。

15 成为高数商的人

差不多先生传

你知道中国最有名的人是谁？

提起此人，人人皆晓，处处闻名。他姓差，名不多，是各省各县各村人氏。你一定见过他，一定听过别人谈起他。差不多先生的名字天天挂在大家的口头，因为他是中国全国人的代表。

差不多先生的相貌和你和我都差不多。他有一双眼睛，但看的不很清楚；有两只耳朵，但听的不很分明；有鼻子和嘴，但他对于气味和口味都不很讲究。他的脑子也不小，但他的记性却不很精明，他的思想也不很细密。

他常说："凡事只要差不多，就好了。何必太精明呢？"

……

后来他在一个钱铺里做伙计；他也会写，也会算，只是总不会精细。十字常常写成千字，千字常常写成十字。掌柜的生气了，常常骂他。他只是笑嘻嘻地赔小心道："千字比十字只多一小撇，不是差不多吗？"

有一天，他为了一件要紧的事，要搭火车到上海去。他从从容容地走到火车站，迟了两分钟，火车已开走了。他白瞪着眼，望着远远的火车上的煤烟，摇摇头道："只好明天再走了，今天走同明天走，也还差不多。可是火车公司未免太认真了。八点三十分开，同八点三十二分开，不是差不多吗？"他一面说，一面慢慢地走回家，心里总不明白为什么火车不肯等他两分钟。

……

他死后，大家都很称赞差不多先生样样事情看得破，想得通；大家都说他一生不肯认真，不肯算帐，不肯计较，真是一位有德行的人。于是大家给他取个死后的法号，叫他做圆通大师。

他的名誉越传越远，越久越大。无数无数的人都学他的榜样。于是人人都成了一个差不多先生。——然而中国从此就成为一个懒人国了。

注：引自浙江文艺出版社出版的《新生活：胡适散文》

修炼“数商”

寥寥几百字，却充满了辛辣的讽刺。在中国传统的文化中，人们重形象、重概括、轻逻辑、轻数据。中国的文明历史悠久，但是现代科学却最终在西方国家起源，与这种理性上的不足有关联。

时光荏苒，沧海桑田。我们又迎来了一个全新的时代——大数据时代。我们在进步，别人也没停滞，我们和发达国家还存在较大的差距。但因为信息技术的进步，时代突然赋予了我们后发的优势。这就像我们和别人赛跑，曾经我们落后 500 米，突然裁判一吹哨子，说：“停，你们换一条赛道，重新起跑。”

在这条全新的赛道上，我们和全世界最好的运动员相比，可能只落后 5 米，甚至完全不落后。在这一点上，我们应该有充足的自信，我们的互联网应用、对大数据的开发在全世界范围内都是顶尖的，没有哪个国家有我们这么便利的移动支付，也没有哪个国家能将电商的触角伸到角角落落。

在这条全新的赛道上，上演的将是以数据为基础的全面竞争。这一次，面对大数据的无垠瀚海，我们可能与世界同步，甚至领先。这将取决于你，阅读这本书的青少年，你的态度、你的技能、你的数据观！

大数据时代的青少年，不仅要注意提升自己的"情商""智商"，还要修炼自己的"数商"。

数商是什么？数商包括记录数据、整理数据、组织数据、保存数据、搜索数据、洞察数据、控制数据等能力，其核心是在不同的时间和地点获得不同数据的能力。

未来的你们，将在数据空间中存在、生活和决策。不能迷路，在任何时候都要找到最合适的信息和数据，这是最低的要求。信息和数据是决策的基础，面对不同的信息和数据，相同智商的人也可能会做出完全不同的决策。

我和很多人一起工作过，有一点感受很深刻，那就是大家面对的是同一个互联网，每个人获取信息的能力却完全不相同。

幸存者偏差

给大家讲两个关于飞机的故事，让我们来看看获取信息的不同会产生多大的影响。

下面的故事包含了 2018 年的高考作文题。据说把不少学生搞蒙了，因为很少有人知道什么是幸存者偏差。你看，看书的好处真不少，不仅能了解到最前沿的科学、掌握未来的职业需求，还能获得多方面的知识，真是一举多得。

要打赢一场战争，不能只靠士兵勇敢，还要靠数据，美国人很早就认识到这一点。第二次世界大战一开始，美国国防部就组织了一批统计学家为战争服务，他们研究的不是武器，而是数据和方程式，他们组成了一个统计研究小组。这个小组的权力非常大，他们一提出建议，其他部门就会采取行动。小组的成员都是最杰出的统计学家，其中一名叫沃德（1902—1950）。

1941 年，美英盟军对德国展开了战略大轰炸。由于德国的空军也很厉害，美英的战机损失惨重，无数次被炮火击落。于是“战机应该如何加强防护，才能降低被炮火击落的概率”这个问题被提交到了统计研究小组。

战机进入敌方的阵地，很少有不被对方击中的。希望自己的战机在被击中之后，还能平安地飞回来——盟军的诉求很简单。他们想到的解决办法也很简单，就是为自己的战机穿上一层结实的“装甲衣”。可装在哪里合适呢？不能全机都装啊，因为装甲衣会让一架战机更笨重，飞起来不仅慢，还耗油。这就需要一个平衡了，需要找出哪些部分更适合穿上厚的“装甲衣”。

为了便于统计研究小组开展研究，军方有意识地统计了所有返回战机的中弹情况。这些战机在经过一场空战之后回到基地，身上常常弹孔累累。但是，这些弹孔在机身上分布得并不均匀，机身上的弹孔比发动机上的多。

一般认为，战机所有的中弹点应该是平均分布在机身上的，但战机各个部位的面积并不一样，所以军方不仅统计了弹孔的总数，还按战机各个部位的面积进行了换算，得出了各个部位的平均弹孔数，见下表。

战机部位	每平方英尺的平均弹孔数/个（1平方英尺=0.09平方米）
发动机	1.11
机身	1.73
油箱	1.55
机翼及其他部位	1.80

军官们发现，“应该加强机身特别是机翼的防护，因为这是最容易被击中的位置”。换句话说，“装甲衣”应该装在机身这个最容易受到攻击的部分，其他部位可以不用。

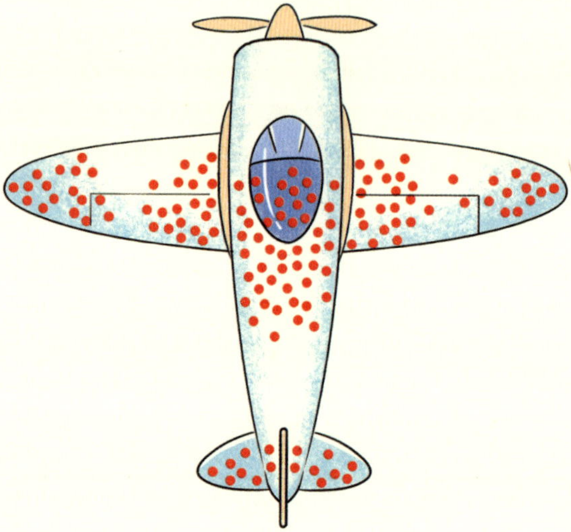

但这个观点被沃德驳回了。沃德提出了完全相反的观点：需要装“装甲衣”的地方不是弹孔最多的地方，而是弹孔最少的地方，也就是战机的发动机。

沃德认为，一些战机能带着满身弹孔平安返航，是因为中弹的那些位置即使被击中也不会导致坠机；而在发动机的位置很少发现弹孔，并不是这个地方真的不容易中弹，而是一旦中弹，战机就几乎无法安全返航了。

细细想来，这个结论真实而恐怖。也就是说，返回的战机是幸存者，仅仅依靠幸存者做出判断是不科学的，那些被忽视了的

非幸存者才是关键，它们根本没有回来！真相一点就破，而想到这一点却是需要睿智的。不得不说沃德心思非常缜密，这也正是美军设立统计研究小组的用意所在：用科学的头脑武装军队。

这个故事也是统计学的一个重要理论“幸存者偏差”的来源。

沃德的分析非常细致，他甚至区分计算了不同的弹孔。分析得出，一架战机进入敌方的阵地，会面对来自地面的大炮和来自空中战机两方面的炮火。地面有高射炮，敌方的战机有机关枪和机关炮，这三种攻击对战机的威胁是不一样的。沃德计算了这三种弹孔的分布和它们各自对战机的致命程度后认为，20mm 口径机关炮的攻击对战机的威胁最大，其次是 7.9mm 口径机关枪，最后才是高射炮。击中发动机附近，战机坠落的可能性最大。

战机部位被武器击中后的威胁系数

战机部位	被武器击中后的威胁系数
机身	0.114
发动机	0.179（最高）
油箱	0.074
其余部位	0.038

武器对战机的威胁系数

武器	对战机的威胁系数
高射炮	0.045
20mm 口径机关炮	0.175（最高）
7.9mm 口径机关枪	0.092

军方最后采纳了沃德的建议，加强了对发动机的防护。事后证明这个决策是正确的，它让更多的飞机飞得回来，盟军战机被击落的概率大大降低，沃德的分析不知挽救了多少盟军战机。

沃德所做的工作一直是高度机密，不为人所知。直到1980年，美国海军以备忘录的形式，重印了沃德当年这个研究所留下的论文，并且在前言中指出，之所以公开，不仅仅是因为历史的原因，还因为，直到今天，沃德的这套方法论仍有现实价值。事实上，沃德的分析方法在后续战争中确实留下了深远的影响。

幸存者偏差，就好像老师在教室里问：没来的同学请举手。这是令人发笑的。又好像我们在火车站站台上调查，请问你买到了回家的票了吗？你应该会得到所有人肯定的回答，而没买到票的人，可能正在想办法呢。类似的错误，实实在在地存在于我们的日常生活当中。

说完了战机，再说说飞行员。

战机很昂贵，培养一个飞行员成本也很高。如果一个飞行员足够聪明老练，他就更可能完成任务，并且平安归来。

为了找出最好的飞行员，当时的美国国防部设置了不同的遴选小组。各个小组用不同的标准选择不同的飞行员。其中一组雇用了当时著名的心理学家吉尔福特（1897—1987），他用智力测验、数据评分及面试的方法为空军遴选最佳的战机飞行员。

但在随后的分析评审中，美国国防部发现，吉尔福特挑选的飞行员与其他组相比，被击落牺牲的比例并不低。当吉尔福特知道这个数据之后，无比羞愧，他认为是自己的错误方法将很多飞行员送上了绝路。

而这些小组中却有一组，其挑选的飞行员成功返航的比例明显高出其他小组。领导这个遴选小组的，是一名退役的老飞行员。美国国防部随即对这个小组的遴选方法进行了细致的分析，发现这位退役的老飞行员在有一个问题上采取了和吉尔福特完全不同的选择标准。吉尔福特也向所有的候选者询问了这个问题，那就是：当你进入德军阵地，遭遇德军的高射炮攻击时，该怎么办？

当时最自然的回答是，我会飞得更高。吉尔福特选择的就是这么回答的人，因为这是大家公认的标准答案。而这位老飞行员却淘汰了所有回答“我会飞得更高”的候选者，而挑选了违反飞行条例准则的人，例如那些回答“我不知道，可能我会俯冲”或“我会‘之’字形前进”或“我会转圈，掉头避开火力”的候选者。

事后证明，遵循飞行条例准则的飞行员都是可以被预测的人，这就是吉尔福特失败的原因。因为德国人清楚美国飞行员遭遇炮火时，会飞得更高，因而他们的战机会停留在云端，等着将美国战机击落。那些不按准则来处理的飞行员，会比那些局限于准则的飞行员更可能幸存下来。

退役的老飞行员没有用复杂的智力测试，也没有拿出什么权威的数据，他用自己丰富的战场经验一眼看到了问题的要害，对战争的了解确保了他会选择一些富有冒险精神、有打破常规思维的飞行员。这事实上是一种数据分析，也是对飞行员的智力测试，只不过用的是经验而不是仪器。吉尔福特并不是败在方法上，而是败在不了解战场上。

一旦得到纠正，科学立即显现出它的本色来。正是用这种方法，美国不断优化自己的军事决定，精确掌控，步步为营。也正是受这个案例的启发，吉尔福特后来开创了创新心理学。

数商的内容很多，这其中，有记录数据、整理数据、组织数据、保存数据、搜索数据，而最重要的，就是洞察数据和控制数据，我们无法一一尽述。它是一个新概念，欢迎你和我一起来探索、一起来丰富。有一点是特别想强调的，那就是在大数据面前，我们需要拥有对数据和信息的控制能力，要能清晰地掌控自己浏览、消费信息的多少和时间。

大数据时代，新的数据不断涌现，有看不完的内容。本质上，这是一种数据消费。浏览信息的过程就同时在消耗个体的时间和精力。以前我们说“时间就是金钱”“时间就是生命”。大数据时代，这句话可以改成“注意力就是金钱”“注意力就是生命”。

例如，很多人喜欢刷微信，微信上的文章五花八门，挑动你的情绪，刺激你的感官，吸引你打开。因为你一点击，系统就会给内容制造者付费，而你付出的则是你的注意力。

在这个大数据时代，不控制数据，就会被数据控制。怎么去管理你的注意力，决定了你未来的个人发展，这也是数商高低的一个重要内容。

千万别让数商限制了你的未来。

因为，善数者——赢！！！